Louis RICHARD
MEMBRE DU CAVEAU

Chansons & Rimes

I. FRONDEUSES :
  Chansons humoristiques et satiriques.

II. GUITARES & MANDOLINES :
  Chansons de table — Stances et romances.

> Caressantes ou rudes,
> Ni bégueules, ni prudes,
> Mais sincères toujours !
> *Avant-Propos.*

PARIS
ALBERT MESSEIN, LIBRAIRE-ÉDITEUR
Successeur de LÉON VANIER
19, Quai Saint-Michel, 19

1914
TOUS DROITS RÉSERVÉS

Il a été tiré 25 exemplaires
de cet ouvrage
sur papier Hollande, au prix de 6 francs.

Louis RICHARD

MEMBRE DU CAVEAU

Chansons & Rimes

I. FRONDEUSES :
  Chansons humoristiques et satiriques.

II. GUITARES & MANDOLINES :
  Chansons de table — Stances et romances.

> Caressantes ou rudes,
> Ni bégueules, ni prudes,
> Mais sincères toujours !
> *Avant-Propos.*

PARIS
ALBERT MESSEIN, LIBRAIRE-ÉDITEUR
Successeur de LÉON VANIER
19, Quai Saint-Michel, 19

1914
TOUS DROITS RÉSERVÉS

DU MÊME AUTEUR

Pour la France, poésies patriotiques. Picard et Kahn, 8ᵉ édition.................................. (*Epuisé*)

Les deux Lyres. Fischbacher.................. 2 fr.

Miscellanées. Les Libraires associés........... 2 fr.

Le psautier de Jean Claude, libre-penseur. Bibliothèque des Publications artistiques, 6, rue Gît-le-Cœur, Paris................................. 1 fr.

Ces ouvrages sont en vente à la **Librairie VADÉ,**
35, rue Gambetta, LE MANS.

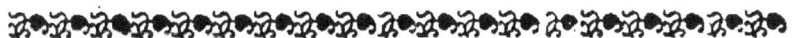

AVANT-PROPOS

Au Lecteur — A mes Chansons

Ami lecteur... Une préface ?.. oh non !
Laissons chacun juger à sa façon :
Pourquoi vouloir faire aux gens la leçon !

Donc, mes chansons, quelque vent qui vous pousse,
Sombre aquilon, rafale, ou brise douce,
Allez en paix, sans vous inquiéter
Si parmi vous il est des réprouvées :
Au gré du vent, vous êtes arrivées,
Au gré du vent laissez-vous emporter.

    Caressantes ou rudes,
    Ni bégueules, ni prudes,
    Mais sincères toujours,
    Vous parlez sans détours :
  Ce qui vaut mieux que plats discours.
      De la morsure
    Des méchants ou des sots,
    Quels que soient leurs assauts,
      N'ayez donc cure !

N'est pas qui veut Prince des chansonniers !
D'un tel orgueil je n'eus jamais l'audace,
Mais dans le Temple où trôna Désaugiers
C'est déjà beau d'obtenir une place !

Septembre 1913.

I

FRONDEUSES

CHANSONS HUMORISTIQUES
ET SATIRIQUES

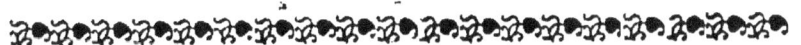

FLEURS DE RHÉTORIQUE

A PROPOS D'UNE PHRASE DE CICÉRON

I

Cicéron prétend quelque part
Que « fiction et poésie
« Sont même chose, et que tout l'art
« Du poète est sa fantaisie ! »
Autrement dit : que tout rimeur
De la vérité fait litière,
Et même met son point d'honneur
A mentir de belle manière !

II

Cicéron fut aux temps anciens
Un discoureur de premier ordre,
Et sur cet auteur, j'en conviens,
Il est difficile de mordre.
Mais je trouve, et d'autres, c'est clair,
Trouveront qu'en la circonstance
L'*avocat* fit un pas de *clerc*,
Et s'est taxé d'inconséquence.

III

N'est-il pas de règle, en effet,
Que ces Messieurs de la *Basoche*
(Cicéron fut le plus parfait
Des Basochiens, nul n'en approche !...)
N'est-il pas de règle, ai-je dit,
Que, pour les besoins de la *cause*,
Tout plaidant fasse son profit
De la fiction, même en prose ?

IV

Ce qui permet aux auditeurs
D'avaler crapaud et couleuvre.....
Mais pour Messieurs les Orateurs
Ces habiletés sont chefs-d'œuvre,
Et si je ne faux, tout cela
S'appelle en langue théorique :
Ficelles, trucs et cœtera,
Ou mieux... des fleurs de rhétorique !

V

Donc sur ce point le Prosateur
Ne le cède pas au Poète,
Et non moins que lui bon truqueur,
Il s'entend de façon parfaite
A bailler de belle façon
Pour *lanterne simple vessie !*
D'où je conclus que fiction
Est fleur de prose et poésie !

C'EST COMME AU TEMPS DE BIROTTEAU

I

« Sous le soleil rien de nouveau ! »
Enseignait la sagesse antique,
Aussi bien, même en République,
C'est comme au temps de Birotteau :
Chacun veut attraper la lune.
Or, par un changement fatal,
« Les pires vont à la fortune,
« Et les meilleurs à l'hôpital !... »

II

Vit-on plus belle floraison
De prosateurs et de poètes ?
Chacun croit ses œuvres complètes
A la dixième édition ;
Tous rêvent d'attraper la lune !...
Or, par un changement fatal,
L'éditeur marche à la fortune,
Et les auteurs, à l'hôpital !

III

Quiconque se respecte un peu
Aujourd'hui crée une machine :
Moteur, percuteur ou turbine,
Frein merveilleux, ou nouveau pneu !
Car il faut attraper la lune !...
Or, par un changement fatal,
L'exploiteur marche à la fortune,
Et l'inventeur à l'hôpital.

IV

Voulant redorer son blason,
Maint nobliau prend pour beau-père
Un épicier millionnaire
Qui rêvait pour gendre un baron !
Il croyait bien tenir la lune !...
Or, par un changement fatal,
Un tiers rafle femme et fortune :
Le baron meurt à l'hôpital.

V

L'hôtel de la rue Quincampoix
A fait école, sans instruire
Les gens que la finance attire
Et qui veulent comme autrefois
D'un seul coup attraper la lune !...
Le même changement fatal
Conduit l'escroc à la fortune,
Et les gogos à l'hôpital.

VI

Sous nos rois — qu'ils dorment en paix ! —
Maints intendants firent main basse
Sur la caisse... jusqu'à la casse !
Aujourd'hui, s'ils sont attrapés
Avant d'avoir... troué la lune,
Le dénouement n'est plus fatal...
Du moins si tous ne font fortune,
Aucun ne meurt à l'hôpital !

VII

Mais c'en est assez, car vraiment
Je ne sais où cela s'arrête,
Et j'y pourrais perdre.. la tête.
Si donc, n'importe à quel moment,
Vous rêvez d'attraper la lune,
Qu'aucun déraillement fatal,
Au lieu d'aller à la fortune,
Ne vous conduise à l'hôpital.

PUDIBONDERIE

I

Il est de ces esprits moroses
Qui toujours ont paupières closes,
Et vous parlent d'un air pincé :
Un propos leste est-il lancé ?
Aussitôt leur vertu s'offense ;
Sourire est pour eux indécence,
Et qui plaisante a mal pensé.

REFRAIN

« Le rire est le propre de l'homme ! »
Celui qui trouva ce bon mot,
Maître Rabelais on le nomme,
Etait autre chose qu'un sot !
Quoi qu'en dise Monsieur Prud'homme,
Héraclite fut un nigaud !

II

Trop de vertu n'est qu'artifice
Dont se pare à propos le vice !
Aujourd'hui que nous nous piquons
D'être tous de petits Monthyons,
En respectons-nous mieux la chose ?
Le mot seul nous choque, et pour cause !...
Tartufe a des airs pudibonds ! (*au refrain*)

III

Point n'usaient de la parabole
Les amis de la gaudriole
Pour dire à dame la Pudeur
Son fait en tout bien, tout honneur !
Et quand leur coupe était remplie,
Un grain d'amour et de folie
Certes ne leur faisait pas peur ! (*au refrain*)

IV

La vie après tout n'est pas drôle,
Et c'est jouer un vilain rôle
Que de l'assombrir encor plus !
Manchots, bancals, nains et perclus
Ainsi que gens de belle allure,
Sont enfants de même nature,
Quels qu'ils soient, bien ou mal venus ! (*au refrain*)

V

Puisqu'ici bas, nous dit le sage,
Nous ne sommes que de passage,
Comme il nous vient prenons le temps,
Et pour qu'ils durent plus longtemps,
Egayons sans gêner personne
Les rares beaux jours qu'on nous donne :
C'est être heureux qu'être contents.

REFRAIN FINAL

Oui, le rire est le fait de l'homme !
Celui qui trouva ce bon mot,
Bien qu'il ne fût pas un surhomme
Etait autre chose qu'un sot !
Quoi qu'en dise Monsieur Prud'homme,
Héraclite fut un nigaud !

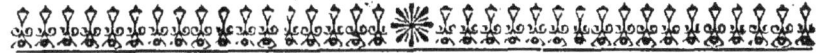

SAGE OU SALE GOUVERNEMENT

I

Nous avons l'étrange manie
De faire du gouvernement
Notre bon ou mauvais génie,
Selon l'heure ou l'événement ?
C'est la règle, quoi qu'il advienne.
— En saurait-il être autrement ? —
Toujours, toujours la même antienne :
« *Sage ou sale gouvernement !* »

II

La vie est-elle un peu plus chère ?
Faut-il trimer plus rudement
Pour échapper à la misère ?...
Ah ! le « *sale* » gouvernement !
Mais que le sol avec largesse
Rende sa moisson de froment,
Petits et grands sont en liesse :
Ah ! le « *sage* » gouvernement !

III

Il est établi que la France
Se dépeuple rapidement :
Nous courons à la décadence...
Ah ! le « *sale* » gouvernement !
Mais que, briguant le rang suprême,
Le pays sache, au bon moment,
Se montrer grand et fort quand même :
Ah ! le « *sage* » gouvernement !

IV

Nous payons-nous un ministère
Tous les six mois et plus souvent ?
C'est l'anarchie et l'arbitraire :
Ah ! le *sale* gouvernement !
Mais que l'étranger nous accorde
Un peu d'estime et congrûment
Parle d'entente et de concorde :
Ah ! le « *sage* » gouvernement !

V

La discipline dans l'armée
Se relâche-t-elle un moment !
L'honneur va tourner en fumée :
Ah ! le « *sale* » gouvernement !
Mais que, ramenant la victoire
Sous nos drapeaux, maint régiment
Au combat se couvre de gloire :
Ah ! le « *sage* » gouvernement !

VI

Vous le voyez : quoi qu'il advienne,
Selon l'heure et l'événement,
C'est bien toujours la même antienne ;
« *Sale ou sage gouvernement !* »
Etonnez-vous donc, Monsieur Blaise,
Que, sachant votre jugement,
Les gens en prennent à leur aise
Quand ils sont au gouvernement.

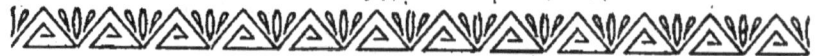

PROPORTIONNALISTES ET ARRONDISSEMENTIERS

REFRAIN

Nos très chers députés
Sont très fort tourmentés
Et ne savent quoi faire
Pour se tirer d'affaire.
Car il s'agit, oui-dà,
D' décider à quell' sauce,
— C'est la baisse ou la hausse ! —
On les accommod'ra

I

Messieurs les monarchistes
Y supputant un gain,
Sont proportionnalistes,
Mêm' que c'est leur béguin.
M M'sieurs les socialistes,
Pour semblable raison
Sont apparent'mentistes :
Différence ? le nom !   (*au refrain*)

II

Autre son de clochette :
Les arrondiss'mentiers,
Eux, voudraient de l'assiette
Au beur' tous les quartiers.
En grenouill's clairvoyantes,
Ils n'entendent sortir
De leurs mares stagnantes
Que pour s'y mieux blottir !   (*au refrain*)

III

Mais proportionnalistes,
Ainsi qu'majoritars,
Jauréist's, Bouffandistes,
Sont tous de fins renards :
Sauver leurs *quinze-mille*,
— Quel qu'en soit le moyen ! —
Et n'pas s'fair' trop de bile,
C'est tout... le reste rien !   (*au refrain*)

III

Eh ! qu'importe, mes frères.
Comment ils s'ront élus :
L'point, c'est que d'nos affaires
Ils s'occup'nt un peu plus !
Car la *chose publique*,
— Et qu'ils ne l'oublient pas ! —
En temps de République
Sur tout doit marquer l'pas.

REFRAIN FINAL

Que nos chers députés
N'soient donc plus tourmentés
Et n'se demand'nt pas quoi faire
Pour se tirer d'affaire !...
C'est nous qui décid'rons,
L'jour du vote, à quell' sauce
— Pour la baisse ou la hausse ! —
Nous les accommod'rons.

POLICHINELLES

REFRAIN

Il est des gueux de toute allure
Qu'on voit changer à tout moment
Et de langage et de pelure,
    Suivant l'évènement !
    On les appelle :
Arrivistes, ou simplement
    Polichinelles !

I

Polichinelles, ces hâbleurs,
Faux démocrates, enjôleurs
Des foules, — dupes éternelles ! —
Valets-nés du futur César
Que leur offrira le hasard :
    Roués polichinelles ! (*au refrain*).

II

Polichinelles, ces ratés,
Folliculaires éhontés,
A l'affût des fausses nouvelles
Et des scandales écœurants,
Vendus d'avance aux plus offrants :
    Crasseux polichinelles ! (*au refrain*).

III

Polichinelles, ces Homais,
Fanfarons d'athéisme, mais
Au denier du culte fidèles...
Servant le diable et le bon dieu,
Ils tiennent le juste milieu !
    Tristes polichinelles ! (*au refrain*).

IV

Polichinelles, ces ligueurs,
Zélés réformateurs des mœurs,
Qui se font moucheurs de chandelles !
On les connaît, ces puritains,
Vieux marcheurs et vieilles catins :
    Hideux polichinelles ! (*au refrain*).

V

Polichinelles, ces mitrés,
Tout onctueux et tout sucrés,
Dont les dévotes ritournelles
Encensent tout gouvernement
Qui veut les payer grassement !
    Pieux polichinelles ! (*au refrain*).

VI

Polichinelles, ces soudards,
Prêts à livrer leurs étendards,
Et qui, salariés infidèles
Du régime républicain,
Font signe au prince, de la main !
    Traîtres polichinelles ! (*au refrain*).

VII

Polichinelles hauts cotés,
Ces incroyables députés,
— Sur ce point ils sont des modèles ! —,
Qui démolissent le mardi
Ce qu'ils ont voté le lundi :
    Piètres polichinelles ! (*au refrain*).

VIII

Tous polichinelles : bas-bleus,
Matuvus et talentueux,
Cabotins mâles et femelles,
Décorés, décorables... Mais
Pourrai-je les nommer jamais,
    Tous les polichinelles !

LIBERTÉ, ÉGALITÉ, FRATERNITÉ

Il est de notoriété
Qu'Adam fut notre premier père
Et, fait non moins incontesté,
Ève notre première mère.
D'où cette grande vérité :
Qu'un moule unique fit l'affaire
Quand Dieu créa notre entité ;
Bien fou qui prétend le contraire !

REFRAIN

Liberté,
Egalité,
Fraternité :
O merveilleuse trinité !

Oui c'est pour tous l'égalité,
Tous ayant eu le même père !
Vive alors la fraternité :
N'avons-nous pas tous même mère ?
Et vive aussi la liberté,
Le soleil versant sa lumière
Sur les pas de l'Humanité,
Quelque part qu'elle soit sur terre ! *(au refrain)*

Hélas ! vous l'avez constaté,
Tout cela n'est rien que chimère,
Puisque chacun de son côté
Prétend à la place première ;
Puisque du *fort* la volonté
Fait du plus *faible* un prolétaire ;
Puisque le *riche* est insulté
Quand le *pauvre* lui dit : « mon frère ! »

REFRAIN FINAL

Liberté,
Égalité,
Fraternité,
O mensongère Trinité !

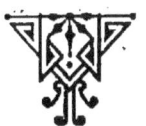

OPPORTUNISTE, IL N'Y A QU'ÇA

REFRAIN

Si j'étais député,
En parfait arriviste,
Je l'dis, en vérité,
Je m'f'rais opportuniste :
J'en appelle à feu Gambetta,
L'opportunisme il n'y a qu'ça
Pour réussir en politique
Et bien servir la République.

L'opportuniste est un roublard,
Disent d'aucuns : non, c'est un sage,
Car s'il n'est jamais en retard,
C'est qu'il guett' le train au passage.
D'viner c'que veut l'Gouvernement
Est son fait, et toujours en veine,
Il arrive juste au moment
Pour recevoir la bonne aubaine ! (*au refrain*).

Tout autre parti, selon moi,
Ne peut mener qu'à la défaite !
Aussi je m'demande pourquoi
L'on ne veut plus d'cette étiquette ?
Radical, c'est trop exclusif ;
Libéral, ça sent le puffiste,
Et l'*Progressist'* qui-s' dit actif
Est souvent l'dernier sur la piste. (*au refrain*).

Socialiste serait bien ;
Mais ce réformateur insigne
Promet tout et ne donne rien,
Ou s'il faut casquer, il rechigne.
L'*opportuniste* a seul du bon,
Puisque pour se mettre à l'ouvrage
Il n'attend que l'*occasion*
Qui vient tôt ou tard, dit l'adage ! (*au refrain*)

Voilà pourquoi, tout bien compté,
A moins que d'être un imbécile,
Le plus médiocre député
Trouve l'opportunisme utile !
Et la preuve, c'est que chacun,
Dès que l'ministère chancelle,
Guette le moment opportun
Pour être le premier en selle.

REFRAIN FINAL

Si j'deviens député,
Car je suis arriviste,
Je m'fais, c'est arrêté,
De suite opportuniste, etc.

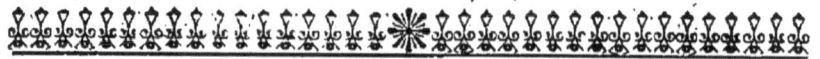

LOIS BOITEUSES ET MAL ASSISES

I

J'entends dire de tous côtés ;
Et cela me met en colère :
Ah ! quels singuliers députés
Nous avons... : ils ne peuvent faire
Une loi qui tienne debout !
Ou bien elle est inapplicable,
Ou bien elle cloche, et du coup
L'effet en devient déplorable !

REFRAIN

Puisque nous n'avons plus de rois
Embéguinés par les marquises,
Tudieu, qu'on nous fasse des lois
Moins boiteuses et mieux assises,
Sinon je dirai : *gare aux rois*
Qu'embéguineront les marquises.

II

Tenez, parlons des syndicats ;
Tout irait, la chose était claire...
Ouvriers et patrons, hélas !
Plus que jamais se font la guerre !
C'en était fini des fraudeurs :
Les lois contre eux seraient terribles,
On ne compte plus les vendeurs
De produits sans nom ou nuisibles ! *(au refrain)*

III

Encore un point bien arrêté :
Grâce aux lois plus « *humanitaires* ».
On allait vivre en sûreté ;
Les juges seraient *débonnaires* ;
Les méchants se feraient... meilleurs !
Le paradis, quoi !.. Conséquence :
Les assassins et les voleurs
Pullulent dans toute la France !... *(au refrain)*

IV

Régularisant les impôts,
On devait — ô louable audace !
Charger davantage *les Gros*,
Et faire aux *Petits* enfin grâce !
Puis, en dépit des vains discours,
Rogner sur toutes les dépenses !...
Ouais !... le budget monte toujours ;
C'est le luxe dans les finances ! *(au refrain)*

V

Vous savez comme au temps des rois
Les courtisans de toutes classes,
Nobles et robins, aux abois,
Se poussaient à l'assaut des places !
Ils n'étaient que de la Saint-Jean
Auprès de notre népotisme :
Tout s'achète avec de l'argent,
Tout s'obtient par favoritisme.   *(au refrain)*

VI

Messieurs, Messieurs les députés,
Et sénateurs, car tous ensemble
Vous unissez vos volontés
Pour agir au mieux, ce me semble;
Si la cuirasse a tel défaut,
De grâce faites donc en sorte
Que tout cela change au plus tôt.
Sans quoi faudra prendre la porte.   *(au refrain)*

TOUS SABOTEURS

REFRAIN

Chaque époque a, dit-on,
Son tic ou sa marotte :
Tout en changeant de ton
La nôtre est dans la note.
Aujourd'hui, sans raison,
Est-ce tic ou marotte ?
Chacun, à sa façon,
Quoi qu'il fasse, sabote.

I

Tout le monde sabote :
L'orfèvre, ses bijoux,
La femme, ses caresses,
L'pèr' Noël, ses joujoux,
Les amants, leurs promesses,
Le fisc, nos intérêts,
Patelin, sa défense,
Brid'oison, ses arrêts,
Purgon, son ordonnance ! *(au refrain)*

II

Tout le monde sabote :
Les peintres, leurs tableaux,
Le potard, sa mixture,
Les guerriers, leurs drapeaux,
Le tailleur, sa facture,
Le chanteur, ses couplets,
Le cabotin, son rôle,
L'Etoile, ses ballets,
L'explorateur, le pôle !   (*au refrain*)

III

Tout le monde sabote :
Le vigneron, son vin,
Le meunier, sa farine,
Le boulanger, son pain,
Le chauffeur, sa machine,
L'orateur, ses discours,
Le baron, sa noblesse,
La gueuse, ses amours,
Le comptable, sa caisse !   (*au refrain*)

IV

Tout le monde sabote :
Le banquier, ses valeurs,
Le traiteur, ses entrées,
L'indigent, ses malheurs,
Le marchand, ses denrées,
L'artisan, son travail,
Le prêtre, ses prières,
Le grand-turc, son sérail,
L'hercule, ses haltères !   (*au refrain*)

V

Tout le monde sabote :
Le soleil, ses rayons,
L'Esprit-saint, ses oracles,
Le Bon Dieu, les saisons,
Et les saints, leurs miracles,
La press', ses boniments,
Le fourrier, l'ordinaire,
L' Saint-Pèr', les sacrements,
Les auteurs, la grammaire !   (*au refrain*)

VI

Tout le monde sabote :
Nos députés, les lois
Qu'ils votent à la hâte
Sans trop savoir parfois
De quel grain est la pâte.
Je crois qu'avec éclat
— Pas besoin que j'insiste, —
Des saboteurs, ceux-là
Peuvent clore la liste !   (*au refrain*)

PALMES ACADÉMIQUES

I

Il était, dit l'Histoire,
Un ministre excellent,
Qui trouva méritoire
D'récompenser l'talent :
Voyant la boutonnière,
De plus d'un professeur,
Sans ruban, d'ordinaire,
Il dit : « c'est une erreur ! »

REFRAIN

Palmez-vous, mesdames,
Messieurs, palmez-vous :
C'est pour homm's et femmes !
Prenez. il y en a pour tous.

II

Alors, chose logique,
Pour l'Ecole, il créa
L'insigne académique,
Que *palmes* il nomma.
Quand donc la violette
Ornait un vêtement,
La preuve en était faite :
L'homme était... éminent.   (*au refrain*)

III

Longtemps, je dois le dire,
Ce fut vrai, mais, hélas !
Ça ne faisait pas rire
Ceux qui ne l'avaient pas.
Car de toute évidence,
En les voyant passer,
D'une crasse ignorance
On les pouvait taxer.   (*au refrain*)

IV

Or, c'était faire injure
A trop de braves gens,
Qui s'trouvent l'envergure
D'homm's très intelligents.
Sur ce la République
Qui veut l'égalité,
Mit l'ordre académique
Hors... d'l'Université !....   (*au refrain*)

V

Puis, pour faire la pige,
A M'sieurs l's éducateurs,
Ell' dit; tranchant l' litige :
« Palmons tous l's électeurs !... »
Voilà pourquoi, ma chère,
Le ruban violet
Orne la boutonnière
D'Môssieu votr' pipelet.　　(*au refrain*)

VI

Même d'aucuns prétendent
Qu' c'est un articl' courant,
Et qu'les palmes se vendent
Maint'nant au plus offrant :
Moyennant sa galette,
A l'agenc' Philidor,
Chacun peut faire emplette,
D' cet élégant décor.

REFRAIN

Palmez-vous, Mesdames,
Messieurs, palmez-vous,
C'est pour homm's et femmes
Prenez, il y en a pour tous.

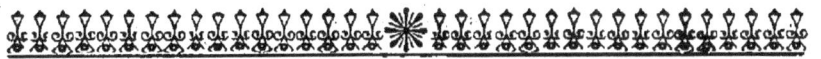

L'ESPRIT LAÏQUE
OU LES FAUX-NEZ RÉPUBLICAINS

I

J'en sais qui de l'esprit laïque
Se déclarent les défenseurs,
Proclamant que la République
Ne veut que des libres-penseurs !
Les nommer... ce n'est pas la peine,
On peut les compter par centaine,
Tant députés que sénateurs.

REFRAIN

Ah ! les beaux, les beaux mannequins
Que ces faux-nez républicains !

II

A chaque comice agricole,
Députés et pères conscrits
N'ont tous qu'une même parole :
— « Pour émanciper les esprits,
Protégeons l'école laïque,
Il y va de la République,
Et son salut est à ce prix. » —

REFRAIN

Ah ! les beaux, les beaux mannequins
Que ces faux-nez républicains !

III

Oui, les délicieux compères
Ou mieux les sinistres farceurs :
Leurs fils sont dans les jésuitières,
Leurs filles chez les bonnes sœurs.
Voilà comme l'esprit laïque,
Bouclier de la République,
Est gardé par ses défenseurs.

REFRAIN

Ah ! les beaux, les beaux mannequins,
Que ces faux-nez républicains !

IV

Toutefois il est bon de dire,
Que ce jeu double est constaté
Dans l'autre camp : ce qui fait rire,
Et prouve cette vérité :
Que le mensonge est sur la lèvre
Et qu'on sait *ménager la chèvre
Et le chou*... de chaque côté.

REFRAIN

Faux réacs, faux républicains,
Ah ! les beaux, les beaux mannequins !

LE QUART D'HEURE DE MISÉRICORDE !

Convenant que leurs papotages
Devenaient plus longs que jamais,
Nos bons députés rendus sages
Ont décidé que désormais,
A chaque orateur on n'accorde
Que l'quart d'heur' de miséricorde,
Même pour les plus beaux discours.
Un quart d'heur' c'est pourtant bien court,
Et pour un leader c'est trop court.

Jaurès trouve le cas pendable,
Et proteste : je comprends ça !...
Mais n'est-il pas le grand coupable,
Lui qui tant de fois nous rasa ?
Donc aux discoureurs l'on n'accorde
Que l'quart d'heur de miséricorde
Pour cultiver le calembour :
Certes un quart d'heure, c'est bien court ;
Mais pour eux ce n'est pas trop court.

Eh bien ! voilà qui n'est pas drôle :
Il paraîtrait qu'un peu partout
Ce terrible arrêt jou' son rôle,
Et que tout le monde y prend goût.
Si bien qu'en règle l'on n'accorde
Que l'quart-d'heur' de miséricorde
Quels que soient les actes en cours.
Un quart d'heur' c'est pourtant bien court,
Et dans plus d'un cas c'est trop court !

Un galant, le soir, chez sa belle
Arrive pour passer la nuit :
— « Impossible, lui répond-elle,
Bien que ce soit là mon ennui,
L'docteur veut que je ne t'accorde
Que l'quart d'heur' de miséricorde :
C'est m'a-t-il dit, l'ordre du jour ! »
Un quart d'heur' c'est parfois bien court,
Pour un tête-à-t', c'est trop court.

Dans un brillant discours-réclame
L'nouveau Président du Conseil.
Voudrait exposer son programme
En tous points aux autres pareils :
— « Monsieur l'Ministre, on n'vous accorde
Que l'quart d'heur' de miséricorde ;
Réservez-en pour l'autre tour.
Un quart d'heur, c'est pourtant bien court,
Et pour un programm' ! c'est trop court.

Au tribunal plaidant sa cause,
Comm' de coutume l'avocat,
(C'est son rôl'), le fait à la pose :
— « Maître, restez là du débat ;
Concluez : l'on ne vous accorde
Que l'quart d'heur' de miséricorde ! » —
Clame le Président de Cour !
Un quart d'heur' c'est pourtant bien court,
Mais quand on plaide, c'est trop court.

Voilà comment une mesure
Qui ne s'appliquait qu'au bagout
Des gens de la législature
Devient la règle un peu partout.
J'veux bien qu'aux bavards on n'accorde
Que l'quart d'heur' de miséricorde :
C'est juste ; mais là, sans détour,
Je dis qu'un quart d'heur' c'est bien court,
Et que l'plus souvent c'est trop court.

Aussi les diplomat's s'excusent
De n'pouvoir suivre le mouv'ment,
Et mêm' carrément s'y refusent.
On l'a bien vu tout récemment (1).
Ils n'entend'nt pas qu'on n'leur accorde
Que l'quart d'heur' de miséricorde
Pour se bien rouler tour à tour !
Dame ! un quart d'heure, c'est bien court,
Et pour un traité, c'est trop court !

(1) Guerre des Balkans.

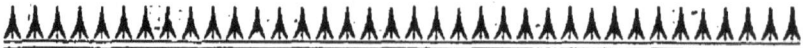

AUX CÉGÉTISTES :

VOTR' PROCÉDÉ N'EST PAS PRATIQUE

Messieurs, Messieurs d'la C. G. T.
Et prétendus socialistes,
J'vous l'dis en tout' sincérité.
Vrai, vous n'êtes que des fumistes !
Sous prétexte que Populo
Doit toucher un plus fort salaire,
Vous prêchez qu'il est nécessaire
De jeter les patrons à l'eau !

Votr' procédé n'est pas pratique,
Maint'nant qu'on est en République.

Quand les bourgeois et les patrons
Seront tombés dans la mélasse,
Qui fournira les picaillons
Pour régaler la populace ?
Il est un fait qui prime tout :
C'est que plus monte le salaire
Et plus pour tous la vie est chère !
Alors que reste-t-il au bout ?

Votr' procédé n'est pas pratique,
Maint'nant qu'on est en République.

De ce que j'viens d'dire il appert
Qu'à bâtir châteaux en Espagne,
Si je sais bien ce qu'on y perd,
Je n'vois pas trop ce que l'on gagne !
Laissez donc les gens vivre en paix
Et s'arranger à l'amiable,
Ce sera le plus profitable :
Mais vous seriez trop attrapés !

Alors c'est chose véridique :
Vous vous f... d'la République !

UNE PALINODIE

OU LA BÉATIFICATION DE JEANNE D'ARC

I

S'il vous souvient, il fut des jours
Où les Anglais pillaient la France
Et rançonnaient châteaux et tours,
Comme fiefs sous leur dépendance !
C'était partout le désarroi :
L'histoire dit qu'une bergère,
Jeanne de Lorraine, tout droit
Les bouta devers l'Angleterre !

II

Si bien qu'elle rendit au roy
Sa couronne fleurdelysée !
Mais, malgré sa très grande foi,
La pauvre s'étant avisée
D'agir au rebours du veto
Des gens d'Eglise, sans réplique
Ils l'envoyèrent illico
Sur le bûcher, comme hérétique !

III

Au tribunal siégeaient en chœur
D'abord le *Légat* du Saint-Père,
Et près du *moine inquisiteur*
L'évêque Cauchon, son compère.
Pour ces gens il fut donc certain
Que Jeanne était une drôlesse
Par l'Enfer vomie un matin.
Ce fut dit de façon expresse.

IV

On n'y pensait plus... mais voilà
Que dans un geste pathétique
Certain sénateur s'avisa
De vouloir que la République
Dressât Jeanne sur le pavois.
— « Ame, dit-il, de la Patrie,
« Elle en avait été la voix
« Aux jours de deuil et de tuerie ! » —

V

L'idée était trop belle, hélas !
On ne lui donna nulle suite...
Pourquoi ? je ne vous le dis pas ;
Vous l'avez deviné bien vite...
C'était l'épiscopat flétri,
Avec son soufflet sur la joue ;
La faillite du Saint-Esprit,
Le pape traîné dans la boue !...

VI

Alors l'Eglise décida
De canoniser la Pucelle
Qu'elle avait brûlée... Et voilà
Comme on joue au polichinelle !...
Oui, voilà, mes amis, voilà
Comme en temps propice on adore
Ce qu'en d'autres temps on brûla,
Quitte à le *rebrûler* encore !

VII

Il faut savoir changer de bord
Et surtout se montrer habile,
S'offrant tour à tour au plus fort
Ou s'imposant à l'imbécile !
Qu'importent les pires dédits
Pourvu que triomphe la cause ?
La politique, je le dis,
Est une merveilleuse chose !

VIII

C'est du cynisme, j'en conviens,
Mais entre deux maux, la sagesse
Dit de choisir le moindre... Eh bien !
Moi je dis : ce fut maladresse ;
Car toujours le peuple verra
Au bûcher monter le Pucelle,
Et toujours aussi maudira
Ceux qui l'allumèrent pour elle !

IX

En mettant *Jeanne* au Paradis
D'aucuns prétendent que l'Eglise
De ses bourreaux fait des bandits
Et répare l'erreur commise !...
Contre tous je soutiens que non,
Et mon pardon je lui refuse...
Dieu lui dictant toute action,
L'Eglise n'eut aucune excuse !

X

Que Rome ait *sa Jeanne*... entendu,
Puisqu'elle en a fait une sainte !
Mais qu'il soit aussi convenu
Que ses évêques dans l'enceinte
De leurs temples, et *rien que là,*
En feront la fête *pour rire* :
Le *Peuple*, lui, la fêtera
Dans son cœur, la *chère martyre* !

ROIS PAR LA GRACE DE DIEU !

I

J'ai maintes fois entendu dire :
Que les rois tiennent leur pouvoir
De Dieu même qui les inspire,
Et leur dicte tout leur devoir.
Mais d'abord fixons cette chose,
A propos de divinité,
Que Dieu de tout bien est la cause
Et qu'il hait toute iniquité !

REFRAIN

Cela dit, voyons dans l'Histoire
Ce qu'en tout temps les rois ont fait
Qui puisse nous forcer à croire
Que Dieu les dirige en effet (*bis*)

II

Si je remonte aux origines,
Je vois des bandits, des truands,
Vivant de rapts et de rapines,
On les nomme : les conquérants.
Ne rêvant que meurtres et guerre,
Mettant tout à sang, tout à feu.
Auprès du mal qu'ils ont su faire,
Le bien qu'ils firent compte peu.

REFRAIN

Voilà ce que nous dit l'Histoire...
Après ce que ces rois ont fait,
Il est difficile de croire,
Que Dieu les guidait en effet

III

Certains (on vante leur largesse
Dans le clan pieux des dévots !) —
Pour le culte et pour leurs maîtresses
Accablaient leurs peuples d'impôts,
D'autres, ce sont les pacifiques.
De leur volonté faisant loi,
S'octroyaient des droits tyranniques
Disant à qui parlait : « Tais-toi ! ».

REFRAIN

Voilà ce que nous dit l'Histoire....
Après ce que ces rois ont fait,
Il est difficile de croire,
Que Dieu les guidait en effet.

IV

Laissons de côté je vous prie,
Les sots, les crétins et les fous :
Si longue en serait la série,
Qu'on ne saurait les nommer tous.
Leur régne est une époque sombre,
La nuit se fit dans les esprits !
Nul ne saura jamais le nombre
De leurs crimes..., qu'ils soient flétris.

REFRAIN

Et maintenant d'après l'Histoire,
Sachant ce que les rois ont fait,
Est-il possible encor de croire,
Que Dieu les guidait en effet.

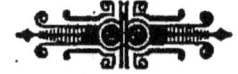

POPULO, TU M' FAIS DU CHAGRIN

REFRAIN

Populo, tu m'fais du chagrin,
Il faut enfin que j'te le dise,
Tu n'as pas d'jugeotte pour un brin,
J'crois q'tu grandis, même en bêtise,

I

Rien ne t'instruit, tu n'apprends rien
Des leçons de ta propre histoire :
Qui te flatte te connaît bien
Et peut toujours t'en faire accroire.
De tes avatars, si tu veux,
Nous allons faire l'inventaire :
— « On gagne à se connaître mieux ! »
Dit le sage : c'est ton affaire.   (*au refrain*).

II

Durant des siècles, « *Bons tyrans* »,
Les rois te tinrent en lisière,
Jugeant qu'il faut aux ignorants,
Pour les guider, la main d'un père.
Quatre-vingt-treize t'affranchit,
Et tu pus aux peuples esclaves
Dire : « Vous voyez il suffit,
De briser à temps ses entraves ! »   (*au refrain*).

III

Hélas ! tu ne sus te tenir.
Heureux longtemps : un nouveau maître
Aux caprices du bon plaisir
Ne tarda pas à te soumettre...
Foudre de guerre, il t'emporta
Dans sa conquérante envolée,
Jusqu'au jour où tout culbuta,
Chef et soldats, dans la mêlée.   (*au refrain*).

IV

Quarante-huit fut un éclair.
Qui ne brilla que pour s'éteindre :
Son idéal était trop fier,
Toi, trop petit... il faut te plaindre !
Jouant au César, un rasta
Qui connaissait ta couardise,
Durant vingt ans te musela
Pour te punir de ta sottise.   (*au refrain*).

V

La leçon fut dure et je crois
— Car la coupe était bien remplie —
Que tu la compris : Cette fois
Tu fus guéri de ta folie.
Mais que de boue et que de sang !
La France en garde une blessure
Ouverte toujours à son flanc,
Et sur son front, l'éclaboussure.   (*au refrain*).

VI

Las ! quarante ans de liberté,
C'est bien long et la République
Vieillit, comme la royauté...
« Si qu'on changerait de rubrique ! »
Dis-tu déjà... Décidément
Tu fus créé pour l'étrivière.
Et le meilleur gouvernement
Pour toi, c'est bien... la muselière.   (*au refrain*).

C'EST LA JOCONDE QUI L'A VOULU

REFRAIN

Voici, voici du nouveau :
Je vous apporte la cause
Pourquoi, lass' de fair' la pose,
La Jocond' quitta l'panneau
Où d'puis un' trop longue pause
Elle séchait dans sa peau :
    Il est entendu
Que c'est ell' qui l'a voulu.

I

Voici comment ça s'est fait :
Un grand ami d' la peinture,
Certain jour qu'il contemplait
L'énigmatique figure,
Crut entendre celle-ci
Lui dire : « Bien loin d'ici
« Emmène-moi, je t'en conjure ! » *(au refrain.)*.

II

La Belle se souvenait
Qu'en son temps, bonne marcheuse,
Elle jetait son bonnet
Dans une crise amoureuse
Par dessus chaque moulin
Qu'elle trouvait en chemin.
On n'est pas pour rien *pierreuse*! (*au refrain.*)

III

Lors prestement tous les deux
S'en furent — quelle risée! —
Au nez d'tous les curieux
Et des gardiens du Musée.
Où sont-ils allés?... Voilà
Ce que peut-être on saura :
Mais la femme est si rusée! (*au refrain.*)

IV

Cependant, me direz-vous,
Celle-là n'était plus guère
D'âge à faire les yeux doux!...
C'est c'qui vous trompe, confrère
Et vous met le bec dans l'eau :
L'amour serre son bandeau
Quand une femm' sait lui plaire! (*au refrain.*)

V

Cela vous confirme en plus
Cette autre parole sage :
Qu'il faut bien veiller dessus
Quand on met l'oiselle en cage ;
Autrement dit : que garder
Femm' qui veut se balader
N'est pas un facile ouvrage

REFRAIN FINAL

N'est-ce pas là du nouveau,
Et savez-vous pas la cause
Pourquoi, lass' de fair' la pose,
Monna quitta son tableau ?
A vous de m'dir' l'autre chose :
L'portrait manquant au tableau,
    Où s'est donc rendu
Celui qui l'a dépendu ?

PARLER — SE TAIRE

Ne pas parler à contre-temps,
Et savoir à propos se taire,
Des succès les plus éclatants,
— J'en appelle aux gens compétents, —
Voilà, voilà tout le mystère.

Si tel est l'avis de Pataud
Homme de science pratique
Et positif autant qu'il faut,
Sur ce point Hervé n'est qu'un sot :
A tort à travers il réplique.

Pataud joint les actes aux mots
Et ne parle jamais pour rire :
Quand il a dit : « des monacos ! »
La nuit se fait dans les falots...
Hervé se contente d'écrire !

Pataud se tut aux jours voulus,
De peur de parler trop... quel sage !
Il faut bien garder ses écus :
On les a si vite perdus !...
Par contre, Hervé fait toujours rage !

Pataud prit sa place au soleil ;
Hervé, lui, s'est fait mettre à l'ombre !
Pataud l'œil clair, le teint vermeil
Bénit le sort à son réveil ;
Hervé connut le cachot sombre.

L'Histoire dira quelque jour :
« Pataud, cet arriviste habile,
« Jamais ne parla qu'à son tour ;
« Hervé qui pérorait toujours
« Se fit museler, l'imbécile !

MORALITÉ

Amis, choisissons notre temps
Pour parler, mais sachons nous taire :
C'est l'avis des gens compétents.
Voilà des succès éclatants,
Je vous le dis, tout le mystère (1)

---

(1) M. Hervé l'a compris.

IL N'Y A QU' POUR ÊTRE MINISTRE !

Au Chansonnier-Ministre Couyba

I

Pour être un parfait cordonnier,
Et fabriquer de la chaussure
Toute en carton, mais d'bell' tournure,
Que faut-il ?... savoir son métier :
C'est entendu, pour fair' de bon ouvrage,
Faut d'abord un apprentissage :
Plus tard on devient ouvrier.

II

Pour être habile financier
Et fair' tomber avec adresse
L'argent des gogos dans la caisse,
Que faut-il ?... Savoir son métier.
C'est entendu, pour fair' de bon ouvrage,
Faut d'abord un apprentissage,
Plus tard on devient ouvrier,

III

Pour êtr' reçu maîtr' cuisinier
Et combiner de fines sauces
Propr's à gâter mêm' les dents fausses,
Que faut-il?... Savoir son métier.
C'est entendu, pour fair' de bon ouvrage,
Faut d'abord un apprentissage ;
Plus tard on devient ouvrier.

IV

Pour composer un plaidoyer
Qui rende quand même au coupable
L'verdict du jury favorable,
Que faut-il?... Savoir son métier.
C'est entendu, pour fair' de bon ouvrage,
Faut d'abord un apprentissage,
Plus tard on devient ouvrier.

V

Mais pour exercer le métier
D'ministre de la République,
La chose n'est qu'trop véridique.
Pas besoin de s'initier.
Il suffit d'se mettr' de suite à l'ouvrage,
Avant d'en fair' l'apprentissage :
Plus tard on devient ouvrier.

VI

A preuv' ce joyeux chansonnier,
Couyba qui sut un jour se faire
Bailler l'commercial ministère,
Après avoir blagué l'métier.
— « Suffit, dit-il, de se mettre à l'ouvrage,
Pas n'est besoin d'apprentissage,
C'est l'métier qui f'ra l'ouvrier ! » —

VII

C'est ce qui doit nous expliquer
Pourquoi tant de nos honorables,
Mêm' ceux qu'on dit les moins capables,
Veul'nt tâter de ce rich' métier,
Où, tout de go, l'on peut s'mettre à l'ouvrage,
Sans avoir fait d'apprentissage,
Sûr qu'on est d'se fair' bien payer.

MARIANNE, PRENDS TON BALAI !

REFRAIN

Marianne, il faut que j'te dise
Ma peine, je te l'ai promis !
Si tu me fais la mine grise,
Nous n'en s'rons pas moins bons amis !

I

Voici donc ce que l'on raconte
Un peu partout sur ta maison :
— O, Marianne, j'en ai honte
Pour toi, pour nous, avec raison ! —
S'il faut en croire la chronique
Les flibustiers et les rastas
Sur ta rue ont ouvert boutique,
Criant aux passants : « Chapeau bas ! » *(au refrain.)*

II

Ces gueux ont fait leur clientèle
Des mécontents à tout degré,
Si bien que, t'tenant en tutelle,
Ils dirigent tout à leur gré :
D'où gabegie et gaspillage,
Honteuses spéculations,
En un mot le hideux bagage
Des crimes et des trahisons ! (*au refrain.*)

III

Je sais bien que l'on exagère
Le plus souvent en pareil cas :
Les envieux, à la légère,
Accusent ceux qu'ils n'aiment pas !
Mais les faits sont là pour le dire,
Et les faits, hélas! sont probants :
Il se trouve, et c'est là le pire,
A ton servic' trop de forbans ! (*au refrain.*)

IV

Voudrais tu donc, par aventure,
Fair' refleurir comme autrefois
L'impériale pourriture
Et le j'm'enfoutisme des rois?
Toi qu'on tenait pour femme honnête,
Tu te changerais en catin !...
Non pas, ce serait par trop bête,
Et tu t' prépar'rais l'pir' destin! (*au refrain.*)

V

Chaque jour monte la marée,
Il faut l'endiguer au plus tôt,
Ou ceux qui rêvent la curée,
Demain te donneront l'assaut !
Allons Marianne, à l'ouvrage,
Prends ton balai, puis vivement,
Du haut en bas fais l'nettoyage
Dans tous les coins du bâtiment ! (*au refrain.*)

VI

Lorsque la maison sera nette,
Et les parasites chassés,
Tu pourras, relevant la tête,
Dire à tes détracteurs : « Assez !
« Voyez, la maison est de verre,
« Chacun peut regarder dedans ;
« La critique la plus sévère
« N'a plus rien à s'mettr' sous les dents ! »

REFRAIN FINAL

Je t'ai tout dit, ô Marianne,
Car ton honneur, j'en fais le mien !
Mets donc en ordre la cabane,
Et n'y reçois que gens de bien !

PARLER ET AGIR

I

Agir et parler sont deux choses
Qui devraient s'accorder toujours.
Mais, je ne sais pour quelles causes,
Le contraire a lieu tous les jours :
C'est, dit-on, se montrer pratique
Et de l'à-propos se saisir !
Aussi comme chacun s'applique
A s'y conformer !... C'est plaisir.

II

— « Plus de galon, plus de panache ! »
Dit le social candidat
En s'installant dans la patache
Qu'on nomme le char de l'Etat...
Mais comme il faut être pratique,
Ce *pur* accepte des deux mains,
« *Pour honorer la République* »,
Titres, rubans et parchemins.

III

« Infâme juif, race maudite,
« Tu me fais horreur, vil lépreux ! »
Dit en s'aspergeant d'eau bénite
Le noble descendant des preux !
Mais comme il faut être pratique,
Avec la dot d'*une Rachel*,
Le gentilhomme catholique
Remet à neuf son vieux castel.

IV

— « Le vent est à l'économie,
« Disent nos dignes députés ;
« C'est clair, la France s'anémie,
« Et les impôts sont trop montés ! »
Mais comme il faut être pratique,
Pour bien prouver leur dévouement
A la prospérité publique,
Ils augmentent... leur traitement.

V

— « Chrétiens, dit du haut de la chaire
« Un moine au ventre rebondi,
« Jeûnons et de la bonne chère
« Gardons-nous chaque vendredi ! »
Mais comme il faut être pratique,
Sans souci du commandement,
D'un repas pantagruélique
Il fait suivre son boniment.

VI

— « Ouvrons l'ère de la justice,
« Dit le magistrat plein d'ardeur,
« Et déjouons tout l'artifice
« Des rastas et des maraudeurs ».
Mais comme il faut être pratique,
Et pour rassurer promptement
La foule prise de panique,
Il tempère... son jugement.

VII

— « Quel bon ministre je vais faire,
« Dit Paturot; nul compromis
« Désormais dans mon ministère ;
« Foin des parents et des amis ! ».
Mais comme il faut être pratique,
En entrant au gouvernement,
Il installe dans la boutique
Amis et parents largement.

VIII

Ce qui prouve de façon claire
Qu'agir, dans la plupart des cas,
De parler est tout le contraire :
C'est ce que, moi, je n'admets pas.
Car j'entends que, dans la pratique,
Chacun mette, sans plus d'effort,
— Chose à mon avis très logique,
Mots et gestes toujours d'accord.

MONSIEUR BARRÈS
DÉTESTE JEAN-JACQUES

Monsieur Barrès est ce qu'on nomme
Un littérateur éminent ;
Mais il a trop d'orgueil, cet homme,
Son moi l'obsède... c'est gênant.
— Mon âme, dit-il, est la flamme
Qui consume tout à son feu.
Comment ayant une telle âme,
Ne pas croire qu'on est un dieu ? (1)

Aussi se complaît-il en elle,
Notant avec un soin jaloux
Sur un baromètre fidèle,
Ses calmes plats et ses remous ! (2)
Et, — tel un brahmine en extase, —
Ce cher maître, quand il écrit,
Polit et repolit sa phrase
Les yeux fixés sur son nombril.

(1) Citations du ministre Guist'hau.
(2) Id.

Catholique plus que le pape,
Royaliste plus que le *roy*,
Froidement il conspue et frappe
D'ostracisme, qui n'a sa *foy* !
Il défend donc que l'on vénère
Jean-Jacques pour cette raison
Que ce penseur humanitaire
A fait la Révolution.

La République athénienne
Lui sourirait sans doute : Hélas !
Marianne est trop plébéienne...
Lui, *talon-rouge*, il n'en veut pas !
Monsieur Barrès, veuillez m'en croire,
D'un incommensurable orgueil
Vous donnez la preuve notoire :
C'est vous fourrer le doigt dans l'œil.

Votre belle âme est d'une essence
Supérieure, avez-vous dit !
Cela ne prouve pas l'absence
Chez les autres de tout esprit.
Regardez-vous donc moins vous-même
Et voyez plus autour de vous :
Là se résout tout le problème :
— *Faire aux humbles un sort plus doux !*

Puisque vous jouez à l'apôtre,
Pourquoi dire à Rousseau : « *Racá !* »
Son orgueil égalait le vôtre.
Quant à son génie... halte-là !

Jean-Jacques fut égalitaire,
C'est ce que vous n'admettez pas;
Vous qui feriez rentrer sous terre
Tout ce qui s'élève d'en bas !

Pourtant à ce penseur étrange
Vous tenez par plus d'un côté,
Et c'est tout à votre louange,
Une telle paternité !
Mais alors cessez donc de dire
Pire que pendre de Rousseau :
A vos dépens vous faites rire,
Pour votre moi, ce n'est pas beau !

Oui, rentrez dans la tour d'ivoire
D'où *Guist'hau* vous a relancé :
Si grande que soit votre gloire,
Jean-Jacques n'est pas surpassé !
Monsieur Barrès ne vous déplaise,
Quand petite *Secousse* on a,
On laisse en paix dormir Thérèse :
Savoir se taire, tout est là.

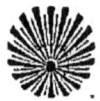

TOUT S' COMPLIQUE

I

Si j'en crois de chagrins esprits,
Le désordre est partout en France
Bien plus qu'il ne le fut jadis
Quand les princes menaient la danse
Et pipaient nos maravedis.
— « Voyez, dis'nt-ils, comm' ça s' complique
Dans votre gueus' de République,
C' régim' que rêvait Béranger
Et qui devait tout arranger ! »

II

Les coup' jarrets rôdent partout ;
Les carrefours sont pleins d'apaches,
Et les malandrins font leur coup
Sur rout' mieux qu'au temps des pataches ;
Si bien qu' la police est à bout.
— « Vous voyez donc bien qu' ça s' complique
« Dans votre gueus' de République,
« C' régim' que rêvait Béranger
« Et qui devait tout arranger ! »

III

Montez-vous en chemin de fer ?
Comme à plaisir le train déraille,
Les voyageurs sautent en l'air
Avec les débris de ferraille :
Crime ou fatalité, c'est clair !
— « Vous voyez donc bien qu'ça s'complique
« Dans votre gueus' de République,
« C' régim' que rêvait Béranger
« Et qui devait tout arranger ! »

IV.

Chaqu' matin, à tort ou raison,
Les journaux parlent de scandales
Pires qu'au temps où Saint-Simon
Composait ses mercuriales !
« Nous en mourrons », dit Brid'oison !...
— « Vous voyez donc bien qu' ça s'complique
« Dans votre gueus' de République,
« C'régim' que rêvait Béranger
« Et qui devait tout arranger ! »

V

J'vous accord' qu'il est trop d'escrocs
Qui tripotent dans nos affaires :
Mais M'sieurs les fermiers généraux
Plumaient-ils moins les pauvres hères ?
— Pourquoi dire alors qu' ça s'complique
Parce qu'on est en République,
C' régim' que rêvait Béranger
Et qui doit l' mieux tout arranger !

VI

C'est entendu, malgré la loi,
Trop de cocott's courent les rues !..,
Mais si Brantôme est dign' de foi,
Bien des grand's dam's furent des grues ;
C'est même encor vrai, je le crois !...
Pourquoi dire alors qu'ça s'complique
Parce qu'on est en République,
C' régim' que rêvait Béranger
Et qui doit l' mieux tout arranger.

VII

On prétend qu' des hommes d'Etat
Prenn'nt leurs épous's dans les vieill's gardes,
Quand ce n'est pas au baccarat !...
Mais aux maris de leurs bâtardes
Les rois donnaient l' maréchalat !
Pourquoi dire alors qu' ça se complique
Parce qu'on est en République
C' régim' que rêvait Béranger
Et qui doit l'mieux tout arranger.

VIII

Voulez-vous m' croir' ? la vérité
C'est que toujours c'est pareill' chose :
Tout comme au temps d' la royauté
L'même effet vient d' la même cause :
L'*homme* est l'*homme*, tout bien compté,
— Donc même si tout se complique,
Aimons, aimons la République :
Avec elle, eut dit Béranger,
Tout peut encor l'mieux s'arranger.

UNE RÉPLIQUE A PLATON

C'est un fait connu, Cicéron
Traitait de hâbleur le poète ;
Renchérissant sur l'épithète,
Platon l'appelait un *mazette*.
Ce docteur en métaphysique,
(N'en portait-il pas le bonnet ?)
Excluait de sa république
La poésie et la musique
Et pour nuisibles les tenait.

Il n'eut voulu, bien entendu,
D'un aède faire un légiste,
Encore moins prendre un flûtiste
Pour augure, archonte ou juriste :
Du coup il eut cru tout perdu.
— Toute sagesse est étrangère
A ces gens, disait-il crûment ;
Ils ont mentalité légère,
Et feraient une pétaudière,
S'ils étaient au gouvernement.

Je ne sais pour quelle raison
Platon haïssait notre engeance?
En la frappant d'incompétence
Il décrétait sa déchéance :
J'entends qu'il parlait en grison !...
Les maçons, les apothicaires,
Les médecins, les avocats,
Les savants, les vétérinaires
Gèrent-ils si bien nos affaires?
Pour ma part, je ne le vois pas.

Un poème n'a de valeur
Que s'il a forme au fond unie,
Et la plus simple symphonie
Doit être un *tout* plein d'harmonie,
Qui charme l'oreille et le cœur.
J'en conclus donc qu'en République,
Quoi qu'en ait pu dire Platon,
D'un *concerto* bien harmonique
La poésie et la musique
Seules peuvent donner le ton !

SUR LA DÉCOUVERTE

D'UN

NOUVEAU CRANE D'HOMME PRIMITIF

REFRAIN

Grand branle-bas sous la coupole
De l'Institut. Pour quel motif?
On vient de trouver, ma parole,
Un crâne d'homme primitif.

I

Un crâne !... Eh, eh ! la belle affaire !
Les muséums en sont remplis.
Crânes oblongs, pointus, en sphère.
Petits, grands, rugueux ou polis ;
Et tous d'une façon formelle
Etablissent que notre *ancien*,
L'original, mâle ou femelle,
Fut un gorille, bel et bien ! (*au refrain.*)

II

Docteurs, voilà qui vous défrise :
— Mais combien c'est à notre honneur —
Ce crâne, suivant expertise,
Prouve un être supérieur !..,
Enfoncés, Darwin et les singes :
Ni chimpanzé, ni ouistiti,
Notre *aïeul* avait les méninges
D'un *penseur*, non d'un *abruti* (*au refrain*).

III

Alors croyons en la Genèse,
Livre de toute vérité :
Tel qu'il est, l'homme est la synthèse
De Dieu dont il a la beauté.
Soit! mais moi, ce qui me chiffonne
C'est de voir les nombreux défauts
Qu'a ce sosie en sa personne,
Et je dis : le prodrôme est faux (*au refrain*).

IV

Mauvais pour les siens, pour lui-même,
Haineux, égoïste et menteur,
Tel est l'homme après son baptême :
C'est à douter du *Créateur*.
Ou si de Dieu l'homme est l'image,
Comme la Genèse le dit,
Les *clichés* étaient hors d'usage,
Et le modèle... bien petit !

REFRAIN FINAL (moralité).

Quelle que soit notre origine,
Tâchons de nous faire meilleurs :
L'essence, animale ou divine,
En cela n'importe d'ailleurs.

LOGIQUE

REFRAIN

Y'a pas d'réplique :
Au temps présent,
C'est évident,
Chacun se pique
D'être logique
Et conséquent.
C'est évident, c'est évident !

I

L'socialiste,
Grand réformiste,
Conformément
A son programme,
Très carrément
— Pour la réclame, —
De tout budget.
R'jett' le projet.
En conséquence,
Comm' bien l'on pense,

C' quinz' mill' chaq' mois,
Plein d'allégresse,
Tel qu'un bourgeois,
Passe à la caisse
Et s'garde bien
D'y laisser rien !·(*au refrain.*)

II

L'alcool nous tue,
C'est chos' connue :
Y'a trop d' bistros ;
Alors qu'on ferme
Bars et tripots,
Et qu'on enferme,
Les fers aux pieds,
Les mastroquets.
Mais l'Etat s'pique
D'être pratique :
Aussi voit-on
L'nombr' des guinguettes
Et des buvettes
Chaqu' jour grandir,
Qu'c'est un plaisir (*au refrain.*)

III

Viv' la famille,
Cette bastille
D'l'autorité !
Pierre angulaire

D'la société
C'est l'sanctuaire
De la vertu,
Bien entendu !
Or, le divorce,
De *gré* ou d'*force*,
Devient chaqu' jour
L'fait à la mode,
Et l'libre amour
Se rit du code :
L's enfants s'tir' ront
Comme ils pourront ! (*au refrain.*)

IV

La paix sur terre
Enfin va s'faire :
Le paysan
Aux champs turbine,
Et l'artisan
Chante à l'usine
Le gai refrain
Qui l'met en train !...
C'est, je suppose,
Pour cette cause
Qu'un' peu partout
On se prépare
A risquer l'tout
Dans la bagarre
Et qu'tant d' soldats
Ont l'arme au bras !

AU REFRAIN

Donc pas d' réplique :
Au temps présent,
C'est évident,
Tout l'mond' se pique
D'être logique
Et conséquent,
C'est évident, c'est évident.

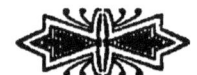

MARIANNE, PRENDS GARDE A TOI !

I

Ne t'endors pas, ô Marianne,
Fais plutôt sonner la diane.
Tes ennemis rôdent autour
De toi, guettant l'heure propice
Pour t'étrangler au premier jour !
Prends garde, l'ombre est leur complice ;
Ne crois plus à leurs mots d'amour !

REFRAIN

Je te le dis sans préambule,
Marianne, ouvre l'œil, morbleu :
Ce n'est pas quand la maison brûle
Qu'il faut la préserver du feu !

II

A qui te sert, dis : « bas les masques
« Haut les mains, et les fronts sans casques ! »
Sois moins accueillante, crois-moi ;
Tu te montres trop bonne fille !...
Valets de César ou du Roy
Sont trop nombreux dans le quadrille ;
Demain, c'en sera fait de toi (*au refrain*).

III

Entre qui veut dans ta demeure :
Chevaliers de l'assiette au beurre,
Polichinelles, noirs corbeaux...
Affublés de toutes défroques,
Et prêts à faire tous les sauts,
Ils se coiffent de toutes toques
Et font flotter tous les drapeaux (*au refrain*).

IV

Tu ne vois pas que leurs sourires
Sont menteurs ainsi que leurs dires !
Sous prétexte d'apaisement
Ne leur ouvre donc plus ta porte.
S'ils mettent un pied seulement,
Avant peu toute la cohorte
Y passera bien sûrement (*au refrain*).

V

En quarante-huit, dit l'histoire,
Tous t'acclamaient et tu pus croire
A l'humaine fraternité.
Les curés devant leur église
Plantaient l'arbre de Liberté...
Quatre ans après, ô paillardise !
L'Empire était ressuscité (*au refrain*).

VI

Te voilà donc bien prévenue,
O Marianne l'ingénue !
Pour fermer la bouche aux braillards,
Mets de l'ordre dans tes affaires ;
Fais main-basse sur les pillards,
Et soulage enfin les misères
En taillant plus justes les parts (*au refrain*).

BAL DE CHARITÉ

Nos édiles sont en gaîté :
On prépare à l'Hôtel-de-Ville
Une fête de charité
Au profit de... quelque œuvre utile !
Préfet, sénateur, député,
Maire, adjoints, banquiers et notaires
Sont en tête du Comité
Avec les plus hauts dignitaires.

Dame ! il s'agit — c'est escompté, —
De montrer que la République,
Quant à l'article *Charité*,
A, tous peut donner la réplique.
Donc le programme est arrêté,
Sauf le *bal* ; ce qui rend perplexe
Certain membre du Comité,
La question étant complexe !

— « Certes, dit-il, c'est constaté,
« Nos charmantes républicaines
« Ne manquent pas de dignité,
« Non plus que de grâces mondaines !
« Mais j'y voudrais voir ajouté
« Ce je ne sais quoi qui révèle
« La grande dame... En vérité
« Notre fête en serait plus belle !

« A notre bal de charité
« Convions l'*aristocratie*,
« Ce sera le grain de beauté
« Rêvé pour la *démocratie* ! »
Ainsi parla le député
Rusé *proportionnaliste*
Assez rudement ballotté
Lors du dernier *scrutin de liste* !

— « Approuvé ! » — dit le Comité.
Et c'est pourquoi nos roturières,
Au prochain bal de charité,
Se croiront toutes des douairières ;
Comme si, pour s'être frotté,
Pendant un ou deux tours de danse,
A la haute société,
Vilain dût changer de naissance.

MORALITÉ

A vouloir paraître trop grand,
On court risque de plus mal faire !
Le plus sage est, ça se comprend,
De ne pas sortir de sa sphère.

UN GRAND MINISTÈRE

I

Dieu soit loué, Monsieur Fallières,
En deux temps et deux mouvements
Nous a dotés d'un ministère
Composé d'rares éléments.
Jugez un peu : l'Académie
En fournit le meilleur appoint,
Un bon tiers, sinon la demie,
Le reste n'y contredit point.

REFRAIN

Nous avons un grand ministère,
Patriote et national ;
N'allons pas le jeter par terre,
C'est le ministère *idéal* !

II

Jurisconsultes d'envergure,
Anciens Présidents de Conseils,
Diplomates de fière allure
Et financiers sans pareils ;
C'est bien le plus bel assemblage
D'homm's de talent et de valeur :
On dirait l'grec *aréopage*,
Tant il a d'éclat et d'ampleur (*au refrain*).

III

Aux finances plus rien ne *Klotsche* (1),
Tous les budgets sont adoptés ;
Le quai d'Orsay sans anicroche
Au *Point-carré* (2) brod' les traités.
Les travailleurs, sans la police,
Avec *Bourgeois* sont conciliants,
Et les arrêts de la Justice
Sont rendus en termes *Brillants* (3) (*au refrain*).

IV

Après tant d'bruit... d'*Ailes-cassées* (4)
A la marin', tout va changer,
Et par *Mille-rangs* (5) agencées
Nos troup's braveront tout danger !
Pas besoin d'plus long commentaire,
Tout le reste est à l'avenant :
C'est vraiment un grrand ministère,
Chaque membre en est éminent (*au refrain*).

(1) Klotz.
(2) Poincaré.
(3) Briand.
(4) Delcassé.
(5) Millerand.

V

Aussi comme sur des roulettes
Ça va marcher du haut en bas :
C'est le pronostic des gazettes,
Et les journaux... ne mentent pas !
Après ça, si Monsieur Fallières
Laisse encor le char de l'Etat
Se rembourber dans les ornières,
C'est à donner... sa langue au chat (*au refrain*).

LE PAPE EST TRISTE !

Il paraît que le pape est triste
Et pleure du matin au soir !
C'est, dit-on, l'esprit moderniste
Qui lui fait broyer tout ce noir.
Eh bien ! je le dis, je préfère,
Comme dans certaine chanson,
Le voir gaîment vider son verre
Pour que l'emplisse l'échanson !

Suivant Béranger, le Saint-Père
Etait un gaillard qui savait
Jadis vivre en belle manière
Et comme un bourguignon buvait.
Car alors, il faut bien le dire,
Il se contentait bonnement
D'être *homme* et, comme tel, de rire
Pour chasser l'ennui du moment.

Mais ayant changé sa nature,
Les dévots en ont fait un *dieu*...
Aussi voyez quelle figure
Il nous montre à ce mauvais jeu :
A toute heure il est en colère
Contre ce pauvre genre humain,
Qui voulant le bonheur sur terre
Du ciel délaisse le chemin.

Au lieu d'un Pontife morose,
Qu'on nous octroie un pape gai,
Donnant la *grâce* à forte dose
En nous chantant « *ma Mie, ô gué!* »
La religion, je suppose,
Y gagnera, les gens aimant
Qu'on leur montre la vie en rose,
Et Dieu comme un maître charmant.

Oui, pour éloigner la tristesse,
Saint-Père, suivez mon conseil,
Il est dicté par la sagesse :
Redevenez à nous pareil.
Et puis... que le pape se grise !
Est-ce un péché?... *Bonum vinum,*
Disent les pères de l'Eglise,
Lætificat cor hominum !

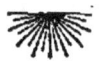

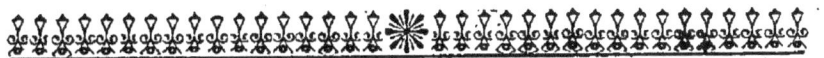

LES CAMELOTS DU ROY ?

REFRAIN

Connaissez-vous certains bonshommes
Appelés *Camelots du Roy*?
Fils de bourgeois ou gentilshommes
Tous sont les champions de la Foi?
  Leur grand maître est à Rome,
    Très Saint-Père on le nomme
      Voilà pourquoi,
      Voilà pourquoi
  Ils battent le rappel
  Pour le trône et l'autel.

S'ils détestent la République
C'est qu'ils descendent tous, morbleu,
De cette phalange héroïque
Que Brunswick conduisit au feu !
Leur idéal, c'est la régence
Et Louis-Quinze avec sa cour…
Ah ! que Gamelle en diligence
Leur ramène la Pompadour (*au refrain*).

Si les rois prirent pour maîtresses
Leurs grand' mères, ce fut tant mieux !
N'est-ce pas grâce à ces... *faiblesses*
Qu'ils ont des marquis pour aïeux ?
Le *sang royal* dans leurs artères
Coule... ils peuvent donc justement,
Ayant eu des rois pour grands-pères,
Se dire nobles doublement (*au refrain*).

Or, de tout ça la République
Ne tient pas compte : c'est pourquoi.
Ils veulent mettre à bas *sa clique*
Et rendre le trône à leur Roy.
Camelots, pas de défaillance,
Rome enregistre tous vos coups !
Quant à revoir le roy de France,
C'est autre chose, entendez-vous.

REFRAIN FINAL

Variante : Vous connaissez bien ces bonshommes, etc.

JEAN BONSENS A JEAN JAURÈS

Monsieur Jaurès, votre langage
Est celui d'un très grand phraseur ;
Mais je vous le dis sans ambage,
Vous devenez parfois raseur.
Sous prétext' de fair' la lumière
Dans l's idé's et dans les esprits,
Vous j'tez tout sens devant derrière,
Et brouillez c'qu' était l'mieux compris.

Peut-être bien qu'ça vous amuse,
Mais nos affair's n'en vont pas mieux,
Ou plutôt, si je ne m'abuse,
Ell's vont moins bien, c' qu'est ennuyeux.
Q'l'égoïsme d'la bourgeoisie,
Vous blesse, il est bon q' vous l' disiez ;
Mais quand l' peuple meurt de phtisie,
Faudrait pas que vous engraissiez.

D'puis trop longtemps, je vous l'assure,
Vous promettez de nous bâtir
C'tte fameuse *cité future*,
Où nul ne devra plus pâtir ?
Monsieur Jaurès, vous savez faire
Quand il faut, le bien ; mais c'est mal
De monter l' coup au prolétaire
Pour se dresser un piédestal !

Mais surtout n'allez plus vous faire
L'avocat d' l'all'mande splendeur...
J' crois q' vous feriez mieux de vous taire
Et d' vanter notr' propre grandeur.
Quand on a la Franc' pour patrie,
On doit s'en montrer orgueilleux :
N' l'amoindrissez plus, je vous prie,
Et laissez l's Allemands chez eux.

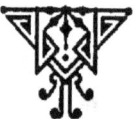

VOILA QU'ÇA S'GÂTE

I

C'est entendu, dans ce pays
La C. G. T. dont la puissance
N'a d'égale que l'insolence,
Peut dire à chacun : « *Obéis!* »...
Qu' la C. G. T. tienn' le pouvoir,
Moi, je vous l'dis, ça me chiffonne ;
Et c'est pour cela que j' bougonne
Contre ceux qui n' veul'nt pas le voir.

Marianne, voilà qu'ça s' gâte,
Mets vite la main à la pâte.

II

M'est avis qu'il serait urgent
D'inspecter cette taupinière
Et de faire un peu la lumière
Pour savoir d'où lui vient l'argent.
Car enfin cette C. G. T.
Loin d'appuyer la République
Prépare sa fin... Je m'explique :
Ses chefs ont trop d'*autorité !*

Marianne, voilà qu' ça s' gâte,
Mets vite la main à la pâte.

III

En y regardant de plus près,
Sans être grand clerc, tout de suite
On verrait que l'œuvre profite
A qui *soutient ses intérêts.*
Bref, je dis qu'on y trime pour
Le roi de Prusse... ou ses compères,
Et jusques à preuves contraires,
Je maintiens cet ordre du jour !

Marianne, tu vois q' ça s' gâte ;
Mets vite la main à la pâte.

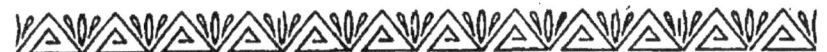

DANS LE GRAND MONDE

ou

LES LECTEURS DE LA BONNE PRESSE

Dans l' mond' sélect, c'est entendu,
Tous les gens pratiq'nt la vertu :
L'honneur y règle la conduite,
Et l'on fréquente le saint lieu,
Chacun étant, selon son rite,
Observateur d' la loi de Dieu.
Mais surtout, de l' dir' je m'empresse,
On n'y lit que la Bonne Presse.

Dans l' mond' sélect, c'est entendu,
Tous les gens pratiq'nt la vertu :
Et cependant, s'il faut en croire
Les feuill'tons et les faits-divers,
Ce bon renom est illusoire,
Et l' vrai, c'est la chose à l'envers !
Pourtant, et de l' dir' je m'empresse,
On n'y lit que la Bonne Presse.

Dans l' mond' sélect, c'est entendu,
Tous les gens pratiq'nt la vertu :
Les hommes se soufflent leurs femmes,
Les femm's se tromp'nt à qui mieux mieux,
Car il faut amants à ces dames,
Et maîtresses à ces messieurs.
Pourtant, et de l' dir' je m'empresse,
On n'y lit que la Bonne Presse !

Dans l' mond' sélect, c'est entendu,
Tous les gens pratiq'nt la vertu :
C'est pour cela que l'on y trouve
Couramment ces faciles mœurs
Que la simple moral' réprouve :
Péchés mignons de grands seigneurs !
Pourtant, et de l' dir' je m'empresse,
On n'y lit que la Bonne Presse.

Dans l' mond' sélect, c'est entendu,
Tous les gens pratiq'nt la vertu :
Celle dont Tartufe est le père,
Ou pour que vous compreniez mieux,
Celle qui permet de tout faire
Sous le masque religieux.
Pourtant, et de l' dir' je m'empresse,
On n'y lit que la Bonne Presse.

Dans l' mond' sélect, c'est entendu,
Tous les gens pratiq'nt la vertu :

Ailleurs on n' trouve que des vices !
Voilà pourquoi le Peuple doit
Obéir à tous les caprices
De ces gens, s'il veut marcher droit ;
Surtout qu'il assiste à la messe
Comme le veut la Bonne Presse.

Populo, j' préfère, entends-tu,
Que tu t'en tienn's à ta vertu,
Celle-là qui veut qu'on travaille
Et qu'on s' rende utile ici-bas.
Quand on n' fait rien on s'encanaille,
Et le déshonneur suit vos pas.
A ceux-là seuls qu'elle intéresse,
Laissons-la donc, la Bonne Presse !

LE TRIOMPHE D'ÈVE

La femme, dit-on, est un ange
Par Dieu créé pour notre bien !
Moi je trouve la chose étrange,
Et je prétends qu'il n'en est rien.
Si je remonte à l'origine,
Je vois qu'Eve perdit Adam :
Donc nous devons à la coquine
Tous nos malheurs, c'est évident !

Après elle, la litanie
Se continue, et l'on peut voir
Sa traîtrise ou sa tyrannie
Pousser les cœurs au désespoir.
Et d'abord, c'est la belle. *Hélène*
Dont la conquête fut l'enjeu
De cette aventure troyenne
Qui mit toute l'Hellade en feu.

C'est *Déjanire*, la cruelle,
Faisant d'Hercule un vrai tison,
Clytemnestre, épouse infidèle,
Et *Dalila* livrant Sanson.
C'est *Cléopâtre*, *Hérodiade*,
Filles de la fatalité,
C'est *Messaline* et sa pléiade,
Vrai fléau de l'Humanité.

O femme, dans ton âme étrange
Que se passe-t-il donc, dis-moi,
Pour que le démon, primant l'ange,
Tant de maux nous viennent de toi ?
Et cependant toujours l'on t'aime,
O sphinx, bourreau de notre cœur !
Et toujours d'Hercule, quand même,
Toujours *Omphale* est le vainqueur.

De quelque nom que l'on te nomme,
— Eve, Vénus, — à tes genoux
Ton sourire tient courbé l'homme,
Le sage aussi bien que les fous !
Toujours donc il sera ta proie,
Toujours *Pâris* et *Ménélas*
Se feront *la guerre de Troie*,
Autant et tant que tu voudras.

ABBÉS GUÉRISSEURS !

De Dieu j'admire les desseins,
  Mais parfois ils sont bien étranges !
Jadis se donnant pour des saints
  Ses ministres faisaient les anges.
Aujourd'hui tous sont médecins :
  Chanoines et simples vicaires,
Sœurs converses et capucins
  Sont changés en apothicaires.

Ouvrez gazettes et journaux :
  A chaque page on nous annonce
Recettes et baumes nouveaux,
  Bénis par le pape ou le nonce !
Tous ces produits sont fabriqués
  Dans quelque officine pieuse
Puisque dûment authentiqués
  Par une main dévotieuse.

Mais le plus drôle, en vérité,
C'est que nos abbés qui se piquent
D'avoir fait vœu de chasteté,
Dans maints opuscules expliquent
Aux femmes comment mettre fin
A leurs infirmités secrètes :
J'en reste baba... Car enfin
Qui dit prêtres entend ascètes !

C'est sans doute un signe des temps,
Et qu'il faut, pour sauver leurs âmes,
Sanctifier orviétans
Destinés à guérir ces dames !...
Je n'ai vu nulle part écrit
Que telle est vraiment la doctrine
Du Fils, du Père et de l'Esprit :
Mais, comme Sangnier, je m'incline !

Je m'incline et même je veux
Remercier la Providence :
N'est-il pas vraiment merveilleux
Que sur une même ordonnance
Le malade trouve à la fois,
— Rognant ainsi sur ses dépenses,
Chose à considérer, je crois, —
Le remède et les indulgences ?

MONSIEUR PRUD'HOMME

Il était jadis un Français
Qui s'appelait *Monsieur Prud'homme*.
Ce nom correspondait assez,
A ce qu'avec dédain l'on nomme,
A notre époque... un honnête homme.

Monsieur Prud'homme, notez bien,
Bon fils, bon époux et bon père,
Etait aussi bon citoyen,
Cocardier sans chercher la guerre,
Mais n'ayant pas peur de la faire.

Monsieur Prud'homme convenait
Qu'une loi peut se faire attendre,
Mais il n'opinait du bonnet
Qu'autant que sans trop s'y méprendre.
Chacun pouvait bien la comprendre.

Monsieur Prud'homme vénérait
Toutes les gloires de la France
Et jamais il ne tolérait
Qu'à son drapeau l'on fît offense :
C'eût été pour lui déchéance.

Monsieur Prud'homme est trépassé :
Les *raslas* ont cloué sa bière ;
Un Jean-f...tre l'a remplacé
Qui tient tout honneur pour chimère,
Et de tout devoir fait litière.

Monsieur Prud'homme, revenez,
Et sur la rue ouvrez boutique !
S'il faut que nous soyons menés
Par Robert-Macaire et sa clique,
C'en est fait de la République.

DIOGÈNE A POPULO

I

Allume, allume ta lanterne,
Bon populo, car on te berne :
Te sachant niais à l'infini,
Chacun te fait belle promesse,
— Paris vaut toujours une messe ! —
Quant à s'en souvenir, nenni !
Allons, trêve de balivernes,
Traquons les loups dans leurs cavernes ;
Hop ! piqueurs, sonnez l'hallali !

REFRAIN

Allume, allume ta lanterne,
Cher populo, car on te berne :
Tu n'y vois goutte, grand benêt,
Tout le monde te rit au nez !
Tu sais pourtant bien, grosse bête,
    Que les flatteurs
    Sont des menteurs
   Qui se payent ta tête
En te demandant tes faveurs !

II

Il est bientôt temps que tu prennes
En tes mains robustes les rênes,
Et fasses marcher la maison !
Oui, fais toi-même tes affaires
Sans avocats et sans notaires
Et chasse sans plus de façon
Magistrats concussionnaires,
Soudards porteurs de scapulaires,
Et noirs servants du goupillon ! (*au refrain*)

III

Prêtres de dieu, prêtres du diable,
Tous mangent à la même table,
A qui sera le mieux repu.
O bon peuple, à merci taillable,
A merci toujours corvéable,
Quand donc te redresseras-tu
Pour entasser à pleines pelles,
O populo, dans tes poubelles,
Tous ces parangons de vertu ? (*au refrain*)

IV

Gueux en habit, et gueux en loques
Porte-croix et porte-breloques,
Dehors tous ces marquis de Crac :
A tous les drapeaux faisant fête,
Toute coiffure est à leur tête !
Mets donc tout dans le même sac
Et va-t-en vendre leurs défroques,
Mitres, panonceaux, pendeloques,
Chez le marchand de bric-à-brac ! (*au refrain*).

V

Bien qu'ou dise que la gangrène,
Des hauteurs a gagné la plaine,
Il est chez toi plus qu'il n'en faut
Des vaillants à l'âme hautaine,
Dont la main de gerçures pleine
Saura diriger ton essor.
Mais *choisis bien, parmi ces têtes,*
Les plus fières, les plus honnêtes :
Tu n'en manqueras de si tôt ! (*au refrain*).

L'ÉLECTION DU PRÉSIDENT
DE LA RÉPUBLIQUE

REFRAIN

L'heure est grave, il faut remplacer
Fallières à la Présidence..,
Sur quel favori se fixer ?
Allons, pantins entrez en danse.

I

Pour avoir un bon Président
Bien peu de chose il faut en somme :
Il suffit, mais c'est le chiendent,
Il suffit de trouver un homme !
Pams est trop rond, *Combes* trop vieux !
Briand !... trop d'amis l'égratignent !
Caillaux est jeune, ou parlons mieux,
Les banquiers à son nom trépignent ! (*au refrain*).

II

Jaurès a par trop de bagout
Et jase quand il faut se taire :
Président, il brouillerait tout
Et mettrait l'Elysée par terre.
Clémenceau certe est un malin
Qui sut résoudre maint problème...
Mais on prétend qu'un beau matin
Il se renverserait lui-même. (*au refrain*)

III

Deschanel est décoratif
De l'académie il est membre :
Double titre à l'exécutif...
Mais il fait si bien à la Chambre !
D'aucuns pencheraient pour *Ribot :*
C'est une imposante figure ;
Mais il a, dit-on, le pied bot
Pour avoir trop changé d'allure (*au refrain*).

IV

Poincaré mettrait tout au point :
Mais l'imbroglio balkanique
Exige qu'il ne quitte point
Son poste : l'heure est trop critique !
Delcassé pourrait voir un peu
A grimper au mât de cocagne ;
La poudre sèche prendrait feu
Chez Guillaume tranche-montagne ! (*au refrain*).

V

Bourgeois ! Ce serait l'idéal,
Hélas ! sa santé chancelante
Lui commande d'être frugal
Et d'éviter bombe fréquente !
Comment alors aux souverains
Offrir dîners, lunchs et le reste ?
Quand souffrent le foie et les reins,
Toute cuisine est indigeste (*au refrain*).

VI

Voyons donc de l'autre côté...
Hein ! le remède serait pire :
D'*Orléans*, c'est la *royauté* ;
Avec *Victor* revient l'*Empire* !
Alors quoi ! tout homme manquant
Qui ferait bien à l'Elysée,
Le siège va rester vacant
Ou tourner en chaise percée ! (*au refrain*)

VII

Prenons plutôt comme imprévu
Quelque *bas-bleu*.., Tais-toi, Gribouille,
Notre France n'a jamais vu
Son sceptre muer en quenouille !
Des chefs d'Etat déjà deux fois
Le Sénat fut la pépinière ;
Si *Dubost* peut fixer le choix
On aura suivi la filière ! (*au refrain*).

VIII

Chez nous on est si routinier!...
A moins que, par un coup., de *Bourse*
L'outsider vienne bon premier,
Comme il arrive en mainte course!...
... C'est fait : le congrès a choisi
Un chef d'Etat de... caractère :
Poincaré, c'est dit-on aussi,
Un président très populaire !

REFRAIN FINAL

Liesse! l'on a remplacé
Fallières à la Présidence :
Après ce septennat passé,
Lès pantins rentreront en danse !

LE PRÉVENU !

I

Encore un qui s'en va, farouche,
Entre deux sbires enchaîné,
Las à crier : « grâce ! » et la bouche
Exsangue d'avoir trop jeûné...
La foule veule et goguenarde,
Qui se fait cruelle à dessein,
Avec colère le regarde,
Lui criant : « *voleur, assassin !* »

REFRAIN

Laissez passer sans rien lui dire,
Entre deux sbires enchaîné,
Le *prévenu*... Pour le maudire,
Attendez qu'il soit condamné !

II

Voleur, assassin... qui le prouve ?
Ses haillons? Son air de dément ?
C'est aller bien vite, je trouve :
Il faut d'abord le jugement.
Jusque-là, quel que soit le crime
Dont on l'accuse, taisez-vous...
Tel qu'on croit bourreau, fut victime,
Tels qu'on dit agneaux sont des loups (*au refrain*)

III

S'il fut mauvais, qu'on le châtie
Selon que vaut sa faute, soit !...
Et s'il souffrait ? Qu'on l'amnistie :
Chercher à vivre, c'est un droit.
Mais l'insulter là, dans les rues,
Parce qu'on le traine en prison !...
O foule, qui sur lui te rues,
C'est lâche, et tu n'as pas raison ! (*au refrain*).

IV

Que ceux-là lui jettent la pierre
Qui n'ont commis aucun méfait,
Et que les autres en arrière
Se retirent tous... Cela fait,
Nous compterons... Ah ! la justice
Vous fait peur : alors taisez-vous,
Et n'ajoutez pas au supplice
De ceux qu'on met sous les verrous (*au refrain*).

MON OPINION

I

Je voudrais vous faire connaître
Ce que je pense de ce temps
Où chacun veut être le maître,
Où tant de gens sont mécontents :
Je commence donc par vous dire
Qu'à mon avis, en vérité,
Ce temps n'est ni meilleur ni pire
Qu'aucun autre, tout bien compté.

II

N'est-ce pas toujours même histoire ?
« *Bons fidèles, ou chers clients!* »
Les mieux vus sont les mieux payants,
Au temple aussi bien qu'au prétoire.
C'est pour grossir sa clientèle
Que l'avocat enfle sa voix,
C'est pour emplir son escarcelle
Que le moine brandit la croix.

III

Quant à l'article « politique »,
Oh ! pour que tout fût pour le mieux,
Il faudrait que la République
Se garât des ambitieux.
C'est dire que tous ces puffistes
Qui nous bernent par leurs grands mots
Ne sont tous que des arrivistes
Brûlant notre poudre aux moineaux.

IV

Or, j'abhorre les faux apôtres :
Pourquoi ce qui me semble bon
Serait-il mauvais chez les autres ?
Peuh ! je ne suis point pudibond.
Que chacun donc dans son église
S'arrange selon qu'il lui plait,
Moi, je prétends vivre à ma guise
Comme le dit certain couplet.

V

Cela posé, je laisse dire
Les fous, les pédants et les sots,
En sage, préférant sourire
Que m'attrister de leurs propos.
Aussi, réservant ma tendresse
Pour ce qui souffre et qui languit,
Je prends ma part de la détresse
De ceux-là que le bonheur fuit.

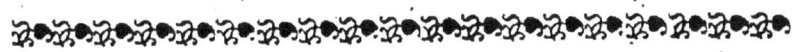

UNE ORAISON FUNÈBRE

REFRAIN

Monsieur *Huntel* est mort :
Pour le rendre célèbre
Faisons, pendant qu'il dort,
Son oraison funèbre !

I

Monsieur *Huntel* vendait
Du drap toute l'année :
Pourquoi l'on prétendait
Qu'il eut pris un navet
Pour une graminée.
Par contre il présidait
L'Union viticole
De son canton : C'était
Un titre incontesté
Au mérite agricole (*au refrain*).

II

Monsieur *Huntel* n'avait
Jamais su l'orthographe,
Et comme il le pouvait
Très simplement signait
D'une croix, sans paraphe!...
Par contre il s'entendait
A parler politique ;
Et sur les toits criait,
Autant qu'on le voulait :
« Vive la République ! » *(au refrain)*.

III

Monsieur *Huntel* venait
D'être reconnu digne,
Un quatorze juillet,
Du ruban-violet,
Académique insigne !
Ainsi donc il pouvait
Se prétendre un grand homme !...
Cependant il restait
Dans l'oubli, s'il n'était
Mort à propos, en somme ! *(au refrain)*.

IV

Aussi comme c'était
Hier sa sépulture,
Ce fut à qui louerait,
A qui célébrerait
Cette gloire si pure...

L'aspirant député
S'en fit une réclame,
Et tout le comité
Du lieu fut enchanté :...
On avait un programme.

REFRAIN FINAL

Monsieur *Huntel* n'est plus;
Son oraison funèbre
Vous a dit les vertus
De cet homme célèbre?

OTE-TOI DE LÀ QUE JE M'Y METTE

I

Notre troisième République
Est un régime d'équité,
Chacun peut y dresser boutique
Suivant ses goûts, à volonté.
Nul ne doit souffrir qu'on l'embête !
Mais, par un étrange retour,
« Ote-toi d'là, que je m'y mette ! »
C'est le mot à l'ordre du jour !

II

Notre troisième République
Prêche la solidarité :
« Tous pour tous ! » telle est la rubrique
Qui doit régir l'Humanité ! !
Et ce cri, chacun le répéte.
Mais, par un étrange retour,
« Ote-toi d'là, que je m'y mette ! »
C'est le mot à l'ordre du jour !

III

Notre troisième République
Est le règn' de l'égalité :
L'esprit de caste, c'est logique,
Auprès d'elle est discrédité...
Sur tous colis même étiquette !
Mais, par un étrange retour,
« Ote-toi d'là, que je m'y mette ! »
C'est le mot à l'ordre du jour !

IV

Notre troisième République
Hait l' népotisme : c'est pour ça
Qu'au servic' de la chos' publique
On voit... si peu d' fils à papa :
« *Messieurs, la maison est honnête !* »
Mais, par un étrange retour,
« Ote-toi d'là, que je m'y mette ! »
C'est le mot à l'ordre du jour !

V

Notre troisième République
Veut que tout mérit' soit compris.
Vous pensez si chacun s'applique
A se faire estimer son prix :
« *Au plus dign'!* » la formule est nette.
Mais, par un étrange retour,
« Ote-toi de là, que je m'y mette ! »
C'est le mot à l'ordre du jour !

VI

Vous l'voyez, comm' dit la chronique,
Tout est parfait et pour le mieux
Dans notr' troisième République :
Jamais on ne fut plus heureux.
Une seul' chose vous embête,
C'est qu'aujourd'hui, comme toujours,
« Ote-toi de là, que je m'y mette ! »
Reste l'mot d'ordre d'tous les jours.

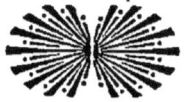

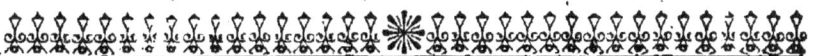

MAUVAIS BERGERS,

OU LE CRI DU PEUPLE !

I

Vous dont le geste et la parole
Mettent les peuples en émoi,
Vous qui tenez le premier rôle
Et dont la volonté fait loi,
Porteurs de sceptre ou de simarre,
Batteurs d'estrades, histrions,
Je vous assigne à cette barre :
Répondez à mes questions.

II

Qu'avez-vous fait de la puissance,
O rois à qui Dieu l'octroya ?
Est-ce pour grandir la souffrance
Des peuples, qu'il vous la bailla ?
Pour commander la boucherie
Quand le boulet pèse à leurs pieds,
Ou les conduire à la tuerie
Quand vos fronts veulent des lauriers ?

III

Qu'avez-vous fait de la morale
Vous qui vous dites ses soutiens,
O prélats à l'âme vénale,
Pourchasseurs des terrestres biens ?
Moines mendiants, faux ascètes,
Dont l'étrange lubricité
Est le fait divers des gazettes,
Aussi bien que l'improbité ?

IV

Qu'avez-vous fait de la justice,
Magistrats prévaricateurs,
Vous dont la main dispensatrice
Des châtiments et des faveurs,
Se montre toujours partiale,
Selon la fortune et le sang,
Et tient la balance inégale
Entre le faible et le puissant ?

V

Prêcheurs des luttes fratricides,
Fauteurs des Révolutions,
Meneurs des grèves homicides,
Qui vous faites part de lions,
Qu'avez-vous fait de vos promesses ?...
Au lendemain des jours mauvais,
Le peuple a-t-il, à vos largesses
Pris quelquefois sa part ? jamais !

VI

Nous voyions en vous de grands frères,
Mais vous avez trompé nos cœurs !
Et c'est pourquoi dans nos colères
Que soulèvent tant de rancœurs,
Nous frappons tout... même les nôtres :
Car l'émeute ne connaît rien !
Voilà votre œuvre, ô bons apôtres :
Etes-vous contents ? Est-ce bien ?

VII

Vous le saviez : ce que réclame
Chacun de nous, c'est plus de pain,
Moins de mal, et la paix de l'âme :
Notre part du bonheur humain.
... Emportez donc nos anathèmes,
Mauvais bergers aux dents de loups !
Nous voulons désormais nous-mêmes
Régler nos intérêts sans vous.

L'ÉVOLUTIONNISTE

REFRAIN

J'ai rencontré dans mon chemin
    Certain bonhomme
    Assez vilain,
  Et que pourtant on nomme
  Un habile, un malin !
    Or, cet artiste
  C'est l'*évolutionniste*.

I

Doué d'une mentalité
A faire aux Talleyrands envie,
Il est d'une instabilité
Aussi mouvante que la vie.
Clown d'aujourd'hui, pantin d'hier,
Comme ses frères, les paillasses,
Timide, humble, arrogant et fier,
Il connaît toutes les grimaces ! *(au refrain)*

II

Il se retourne aussi souvent
Que sur son toit la girouette,
Et quand il voit d'où vient le vent,
Crac, il fait une pirouette !
Suivant l'heure et l'occasion,
Républicain ou monarchiste,
Il change de position
En bon évolutionniste ! (*au refrain*).

III

Certe, on le trouve un peu partout,
Ce Caméléon politique ;
Mais je crois qu'il grandit surtout
A l'ombre de la République.
C'est ce qui fait, j'en suis certain,
Qu'étant l'ami de tout le monde,
Il obtient à chaque scrutin
La majorité la plus ronde ! (*au refrain*)

REFRAIN FINAL

Quand vous rencontrez en chemin
   Certain bonhomme
    Assez vilain,
  Et que tout bas on nomme
   Un habile, un malin,
    Tenez l'artiste
  Pour évolutionniste.

FAUT QU'ÇA FINISSE !

REFRAIN

D'puis quelque temps, j'n'y comprends rien !
Tout le monde nous cherche noise :
Teuton, Espagnol, Italien,
Chacun dans son jargon dégoise.
Il n'y manque plus qu' l'Autrichien,
C' troisièm' larron de la *Triplice* !
Messieurs, il faut que ça finisse !

Sans faire fi de notre vin,
Qu'les Allemands boivent leur bière :
Jamais leur piquette du Rhin
N'mettra tant d'rubis dans un verre !
Qu'les Italiens nous fich'nt la paix
Et qu'ils s'occupent de leur guerre :
S'ils en reviennent éclopés,
Ils n'avaient qu'à ne pas la faire !   (*au refrain*)

Quant aux Espagnols, le morceau
Du Maroc qu'ils ont doit suffire.
S'ils veulent trop mordre au gâteau,
Nous finirons par ne plus rire.
J'sais bien qu'ces gens se dis'nt entre eux :
— La République est bonne fille,
Plus nous lui ferons les gros yeux,
Plus ell' se montrera gentille! — *(au refrain)*

Fabricants de macaroni,
Marchands d'saucisse et de choucroute,
Toréadors, qu'ça soit fini :
J'vous l'dis, vous faites fausse route !
Jusqu'ici, retenez bien ça,
La France fut conciliante ;
Mais croyez-moi, restez-en là,
Sinon ell' deviendrait méchante. *(au refrain)*,

Quoi qu'en disent maints argousins,
Nous ne demandons qu'une chose,
Vivre en paix avec nos voisins,
— En droit et raison, ça s'impose ! —
Qu'on soit donc correct avec nous...
Si nous aimons la République,
C'est notre affaire... Tenez-vous,
Rois, au régime monarchique. *(au refrain)*

Maintenant, je l'espère bien,
Nul ne nous cherchera plus noise :
Teuton, Espagnol (1), Italien,
Parleront de façon courtoise,
Tout de même que l'Autrichien
C'troisièm' larron de la Triplice.
N'est-il pas temps que ça finisse ?

(1) L'Espagne est revenue de son erreur !

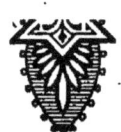

PACIFISME

Au Sénateur Constant d'Estournelles.

I

C'en était fini de la guerre,
Disait-on, les peuples en paix,
Au progrès, par toute la terre,
Allaient travailler désormais !
Faisant des rois ses hommes-liges,
Un tribunal prépondérant
Arrangerait tous les litiges
Et règlerait tout différend.

REFRAIN

Plus de guerre
Sur la terre !
Oui, voilà l'ordre du jour
Qu'en sa séance plénière
A pris l'*arbitrale cour* !

II

Pour que le monde pût le croire
On fit les plans du monument
Qui perpétuerait la mémoire
De cet heureux événement.
La Haye en eut le privilège. —
C'était juste autant que loyal,
Puisque là se tenait le siège
Du *pacifique tribunal.* (*au refrain*)

III

« *L'homme propose et Dieu dispose!* »
Dit un proverbe fort ancien ;
Mais sans que Dieu soit mis en cause,
Notre temps peut le faire sien.
Ce qui veut dire que les hommes
Se démènent en vain souvent
Et que de leurs plus beaux prodromes
Autant en emporte le vent ! (*au refrain*)

IV

Voyez un peu de par le monde
Ce qui se passe en ce moment :
Partout, partout l'orage gronde,
Signe du bouleversement.
Comprenant qu'il faut être prête,
L'arme au bras, chaque nation
Reste debout, l'âme inquiète,
Les yeux fixés à l'horizon. (*au refrain*)

V

Oui, tel est l'angoissant dilemme
Qu'aux peuples propose demain :
Ou la marche en avant quand même,
Ou l'arrêt fatal en chemin !
Etaient-ce donc, ô pacifistes,
Vos rêves généreux ?... Et vous,
Vous les antimilitaristes,
Que deviennent vos gestes fous ?   (*au refrain*)

VI

Hélas ! la chose est triste à dire,
L'Humanité ne change pas :
Ce que le *Bon* tâche à construire
Par le méchant est mis à bas !
Tant qu'il restera sur la terre,
— Et c'est encore pour longtemps ! —
Des bandits pour faire la guerre,
Il leur faudra des combattants !

REFRAIN FINAL

Et la guerre,
Sur la Terre,
Malgré l'arbitrale cour
Et sa séance plénière,
Demeure à l'ordre du jour !

NON ! PAS CETTE GUERRE-LA

I

Allons, tambours, clairons, trompettes,
Jetez le cri d'alarme aux camps,
Toutes les nations sont prêtes
Pour la bataille des géants !
Debout, petits soldats de France,
La mort veut remplir ses charniers ! —
Montrez encor, votre vaillance
Et cueillez de nouveaux lauriers !

REFRAIN

Le seul champ de bataille
Qui quelque chose vaille,
  C'est l'atelier,
  Où la limaille
  Sert de mitraille :
Tout autre est un chantier
  Qu'il faut fermer !

II

Non, nous ne faisons plus la guerre
Pour le plaisir de batailler ;
Mais nous sommes prêts à la faire
Pour la défense du foyer !
Nous avons joué Don-Quichotte
Pendant trop de temps, halte-là !
Que ceux-là seuls payent la note
Qui commanderont le gala !   (*au refrain*)

III

Assez de guerres homicides,
Des potentats suprême orgueil ;
Plus de ces luttes fratricides,
Semences de haine et de deuil !
Chacun chez soi : c'est la devise
Qui doit tout primer désormais,
A la fois formule précise
Et gage assuré de la paix !   (*au refrain*)

IV

Ce que l'Humanité demande,
C'est qu'on la laisse travailler,
Et que plus on ne lui commande
D'aller se faire mitrailler :
Gagner de nouvelles provinces
Quand les Etats sont trop petits,
Ou payer maîtresses aux princes,
C'était bon dans le temps jadis !   (*au refrain*)

V

Les peuples dont l'esprit s'éveille
Au soleil de la Liberté
N'entendent plus de cette oreille,
Je vous le dis en vérité.
Seul le chant de la *Marseillaise*
Au labeur doit les arracher,
Si quelque jour vers la fournaise
A la frontière il faut marcher.

REFRAIN

Le seul champ de bataille
Qui quelque chose vaille,
C'est l'atelier,
Où la limaille
Sert de mitraille :
Tout autre est un chantier
Qu'il faut fermer.

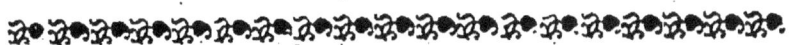

LA CHUTE DU ZEPPELIN

I

C'était une énorme machine,
Vrai mastodonte aérien
De construction *Zeppeline*,
Tout de germanique origine,
Un chef d'œuvre, vous pensez bien !
En Allemagne on ne fait rien
Que des chefs-d'œuvre, j'imagine.

REFRAIN

Hourrah ! Hourrah ! pour l'Zeppelin,
  Le dirigeable
  Incomparable !...
  Français malin,
  Coupe les ailes
  Aux aéros,
  Comme aux hydros,
  Chétives hirondelles !
Quand l'aigle plane aux cieux,
  Fuir est le mieux !

II

Contemplant la masse flottante :
— « Maintenant, disait le Kaiser,
« Le monde est à moi, je m'en vante !
« Je vais répandre l'épouvante,
« Et, comme autrefois Jupiter,
« Lancer la mort du haut de l'air...
« L'Allemagne est vraiment puissante ! » (*au refrain*)

III

Se croyant maitre de l'espace,
L'étrange oiseau, tel un vautour
Qui flaire les morts à la trace —
Criait : « au large, faites place ».,.
Hélas ! son vol était trop lourd :
Volatile de basse-cour,
Il plana... Mais ce fut la casse !

REFRAIN FINAL

Lancez-les donc, ô gros malins,
   Vos dirigeables
   Incomparables,
   Vos Zeppelins !
Ouvrant leurs ailes,
   Nos hirondelles,
   Nos aéros,
Ainsi que nos hydros
Délogeront des cieux
   L'aigle orgueilleux !

A BERNE !

11 mai 1913.

I

Des gens à l'âme généreuse,
Au cœur plein de bons sentiments,
Aussi peut-être à tête creuse,
S'étaient dit : « ces chers Allemands
« Ne demandent pas autre chose
« Que l'entente avec les Français !
« De cette façon serait close
« L'ère des conflits pour jamais ! »

REFRAIN

Ah ! braves gens ! quelle utopie !
Laissez plutôt, je vous en prie,
Oui, laissez pour nous travailler
Le Temps, ce parfait ouvrier !

II

Les rêveurs ont de ces idées
Qui sont souvent sans lendemain,
Tant elles semblent hasardées !...
Mais celle-ci fit son chemin ;
Et le dimanche, jour onzième
Du mois des fleurs, les partisans
De ce rapprochement quand même,
A Berne s'en furent céans !

REFRAIN

Ah ! braves gens ! quelle utopie !
Vous allez perdre la partie :
Mieux vaudrait laisser travailler
Le Temps, ce parfait ouvrier !

III

Combien fut grande la surprise
Quand les délégués on compta :
Trente-deux Germains, — je précise, —
Près de deux cents Français... Voilà
Ce qui prouve, de façon nette,
Que les Teutons sont gens sensés
Pour qui l'entente n'est complète
Qu'entre amis désintéressés.

REFRAIN

Ah ! braves gens ! quelle folie
De risquer ainsi la partie :
Mieux valait laisser travailler
Le Temps, ce parfait ouvrier !

IV

Il est une chose certaine,
C'est que Guillaume entend garder
L'Alsace ainsi que la Lorraine !
Alors à quoi bon bavarder ?
Espérer qu'il va nous les rendre
Comme cela, bien gentiment,
C'est fou. — Tâchons de les reprendre,
Nous les aurons plus sûrement !

REFRAIN

Ah ! braves gens quelle folie !
Vous avez perdu la partie :
Mieux valait laisser travailler
Le Temps, ce parfait ouvrier !

V

Et voilà pourquoi plus j'y pense,
Sans préjuger de l'avenir,
Et plus je dis, moi, que la France
Du passé doit se souvenir !
Tant que par la force brutale
Aux pieds le *Droit* reste foulé
D'une amitié franche et durable
Il ne saurait être parlé.

REFRAIN FINAL

Au diable donc toute utopie :
Soyons forts, le reste est folie,
Et laissons pour nous travailler
Le temps, ce parfait ouvrier !

JE N'Y CROIS PAS !

ou

L'ENTREVUE DES TROIS SOUVERAINS !

I

Hier soufflait le vent de guerre ;
Aujourd'hui tout est à la paix.
Le prince au prince dit : « Mon frère,
« Illuminons notre palais,
« Mars et Vulcain tous deux font grève,
« Rentrons au fourreau notre glaive !
« Les nuages les plus épais
« A l'horizon sont dissipés ! »

REFRAIN

Mon très cher frère,
Je n'y crois guère,
Hélas ! hélas !

II

En bon garçon, Alphonse treize
Est venu dire à Puincaré :
L'alliance hispano-française
Est désormais fait avéré..
Du traité voici la facture,
Mettez-y votre signature.
L'Espagne à la France, sa sœur,
Veut faire le don de son cœur !   (*au refrain*).

III

Le Grec, le Serbe et le Bulgare
Ont enfin mis à la raison
Le Turc qui sous son joug barbare
Si longtemps les tint en prison :
De riches et beaux territoires,
Sont la rançon de leurs victoires !
La paix est faite, et d'ennemis
Ils vont devenir bons amis.   (*au refrain.*)

IV

A Berne un congrès pacifique
A fait — oh ! le beau mouvement ! —
Un rapprochement sympathique
Entre la France et l'Allemand !...
Ainsi donc, la chose est certaine,
De l'Alsace et de la Lorraine
Nous pouvons au plus prochain jour
Escompter déjà le retour !   (*au refrain.*)

IV

On assure que l'Angleterre
Et l'Allemagne sont d'accord
Pour changer leurs vaisseaux de guerre
En bateaux marchands de haut bord :
Seul, Mercure en sera le maître !
Aussi Kiel et Plymouth vont être
Désormais ports commerciaux !...
D'où retraite des amiraux !   (*au refrain.*)

VI

Et qui donc va de cette chose,
Pour le bonheur du genre humain,
Opérer la métamorphose ?
Ceux qui se sont serré la main :
Georges, Nicolas et Guillaume !...
Ils vont, dit-on, comme un seul homme,
Donner immédiatement
Le signal du *désarmement* !

REFRAIN FINAL

Mon très cher frère,
Je n'y crois guère...
Je n'y crois pas !

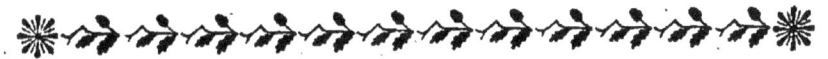

PAYEZ ! OU LA LOI DE TROIS ANS

I

Pour augmenter le contingent
Et tenir tête à l'Allemagne,
Les Chambres, — c'était cas urgent !
Ont mené bruyante campagne,
Puis dare dare ont décidé
Que nos conscrits à la caserne
Trois ans durant, sans débrider,
Porteront capote et giberne !

II

C'est entendu, faut des soldats,
En nombre, pour faire la guerre !
Mais pour nourrir ces petits gârs,
Faut de l'argent, la chose est claire !
Or, il est une vérité,
C'est qu'argent veut dire richesse !
Donc pour l'avoir en quantité
Il faudra frapper à la caisse.

III

Amis de la règle de trois,
Puisque la guerre est votre affaire,
Payez, payez, riches bourgeois :
Cela ne saurait vous déplaire !
Tournez la clef du coffre-fort...
S'agit-il pas de le défendre ?
C'est l'heure du suprême effort :
Il fallait bien vous y attendre.

IV

Vous avez voulu des soldats
Pour vous garer en cas de guerre :
Très bien : aboulez vos ducats,
Le peuple, lui, ne peut le faire !
Schneider et Krupp vous le rendront
En beaux canons et mitrailleuses,
Et les banquiers vous béniront,
Voyant leurs parts plus copieuses !

LA PAIX BALKANIQUE

C'est fini, la paix est signée :
Le Grec, le Serbe et le Roumain,
Après une large saignée
Au Bulgare donnent la main.
Princes et rois chantent leur gloire,
Et rendent grâce à Jéhovah
Qui leur a donné la victoire
Sur les adorateurs d'Allah !

Car c'est toujours pour quelque idole
Que l'on se bat, croix ou coran,
Et qu'au Moloch le prince immole
Ses peuples pour être plus grand.
Béni soit donc le dieu barbare
Au nom duquel, le Turc soumis,
S'égorgèrent Serbe et Bulgare
Devenus frères ennemis !

Et que la terre soit légère
A ces inconscients héros
Qu'a moissonnés l'horrible guerre
Au seul profit de leurs bourreaux !
— En attendant qu'Allah reprenne
Sa revanche, le vrai croyant
Entonne à son tour son antienne
Et proclame : « Dieu seul est grand ! »

Oui, grand est le Dieu des armées :
Dieu des triomphants bataillons
Et des phalanges décimées...
— Celui là que nous invoquions
Aux jours sombres de la débâcle ! —
Dont chaque souverain se dit
Le représentant et l'oracle,
Mais que le peuple, lui, maudit !

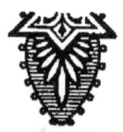

A QUAND LA PAIX ?

Il est de fait qu'en Allemagne
On enseigne aux futurs soldats
Qu'leur Empir' comprend notr' Champagne,
Notr' Bourgogne, et l' rest'... Pourquoi pas ?
Faut point s' gêner quand on empiète
Sur le cadastre du voisin :
Un' carte après tout n'est complète
Qu'autant que rien n' manque au dessin.

M'est avis pourtant qu' cet Empire
Sur l'autr' riv' du Rhin est fixé.
Et que l' sol français, pour mieux dire,
De c' côté du fleuve est placé !
Quell' sott' mani' d'vouloir tout prendre,
Et d'dir' tout l' temps : « Çà c'est à moi ! »
Faudrait plutôt songer à rendre
L' bien d'autrui qu'on détient d' vers soi !

A c' compt' là deux peuples en frères
Pourraient vivr' la main dans la main,
Et, comm' ce s' rait fini des guerres,
Travailler au progrès humain !
En attendant, All'magne et France
Prêtes à s' mordre à belle dent
S' regardent en chien de faïence,
L'un' criant : « Iéna ! » l'autr' : « Sedan ! »

Et c'est pourquoi, coûte que coûte,
Il faut se tenir l'arme au bras,
Toujours prêts à se mettre en route
Si l'on sonnait le branle-bas.
Aussi chacun reste en vedette,
Germain en face du Gaulois,
Sachant que l'ennemi le guette
Comme le loup au coin du bois !

Ah ! maudit qui sema la haine
Aux cœurs de ces deux nat ons,
Et mit l'Alsace et la Lorraine
Au nombre des *pays teutons* !
Gens de France et de Germanie,
Bien mieux vaudrait faire la Paix,
Et sans aucune félonie
Vous rapprocher à tout jamais.

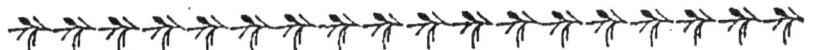

UN RÊVE

I

De l'Est à l'Ouest, du Sud au Nord,
Chassant les ombres de la mort,
Partout, sur la terre et sur l'onde,
Partout a soufflé sur le monde
Le vent qui clame : « *Liberté,
Egalité, Fraternité,*
Sources de toute œuvre féconde !

REFRAIN

O miséreux, relevez-vous,
C'est l'Esprit des grands jours qui passe ;
L'Humanité du mal est lasse,
Elle veut du bonheur pour tous !

II

Après des siècles de douleurs,
Les peuples, devenus majeurs,
Veulent se gouverner eux-mêmes
Pour mettre au point lois et problèmes
Et faire leur sort plus heureux :
Aux princes qui se sont ri d'eux
Ils arrachent leurs diadèmes.

REFRAIN

Mauvais bergers, retirez-vous,
C'est la Liberté qui dit : « Place ! »
L'Humanité du joug est lasse,
Elle veut du soleil pour tous.

III

Vivre aujourd'hui, c'est travailler :
Voilà pourquoi dans l'atelier,
Aux champs, ainsi qu'à la fabrique,
Chacun plus résolu s'applique
A son labeur quotidien ;
Car chacun doit mettre du sien
Pour le bien de la République.

REFRAIN

O désœuvrés, retirez-vous,
C'est l'*Egalité* qui vous chasse :
L'Humanité du *Lucre* est lasse,
Elle veut une part pour tous.

IV

Bénis soient donc ces nobles cœurs
Qui vont, doux pacificateurs,
Criant aux hommes : « Soyez frères,
« Mort à la haine, plus de guerres ! »
Acclamez-les, ô parias,
Et, joyeux, tendez-leur les bras ;
Ils veulent finir vos misères !

REFRAIN

O tueurs d'hommes, cachez-vous ;
L'Humanité du meurtre est lasse !
Voici l'ange de paix qui passe,
De sa main écartant les loups.

V

Ainsi, pauvre fou, je voyais
La paix assise à nos foyers,
Avec la *Fraternité* sainte.
Unis dans une étroite étreinte,
Tous les hommes, d'un même cœur,
Travaillaient au commun bonheur,
Car toute haine était éteinte !

REFRAIN

Oui, plus de haine, amour à tous :
Le mal au bien cède la place.
L'Humanité fièrement passe :
Dans leur tannière ont fui les loups.

VI

Rêve insensé ! le grain semé
Dans la terre n'a pas germé.
Et maintenant plus que naguère
Faibles et forts se font la guerre.
Plus que jamais, au meurtre ardents,
Les peuples, armés jusqu'aux dents,
Rêvent d'élargir leur frontière.

REFRAIN

Buveurs de sang, chacals et loups,
Au soleil reprendrez-vous place ?
L'Humanité pourtant est lasse
D'être mise en coupe par vous !

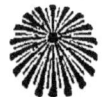

DROIT DIVIN, GRÂCE DIVINE !

I

Aux temps les plus lointains,
Chacun vivait à l'aventure
  Des soirs et des matins,
Selon la loi de la nature.
C'est alors que deux fiers gredins
  Résolurent dans l'ombre
D'être eux seuls plus grands que le nombre.

REFRAIN

Du *droit divin*, ainsi
Que de la *grâce divine*,
Mes bons amis, voici
  Toute l'origine.

II

L'un avait les bras forts,
L'autre avait le front haut et large,
  Mais son débile corps
Ployait, hélas ! sous toute charge.
Un jour ils s'unirent . Alors
  Le *faible*, plus perfide.
Dit au *fort* son rêve homicide. (*au refrain*).

III

— Entendons-nous tous deux
Pour mettre sous le joug les masses :
  Moi je créerai des dieux
Aux sombres et terribles faces,
Et leurs décrets mystérieux
  Feront trembler les âmes
Des hommes veules et des femmes. (*au refrain*).

IV

— Toi, tu feras des lois,
Et les peuples, pâles esclaves,
  Ignorants de leurs droits,
Béniront jusqu'à leurs entraves :
Des lors aux caprices des rois
  Comme aux gestes des prêtres,
Tout cèdera, nous serons *maîtres* ! — (*au refrain*).

V

Et la main dans la main,
Pour mieux mener leur rude tâche,
Faisant du genre humain
Un troupeau pantelant et lâche,
L'un éleva sur son chemin
Un temple... son repaire,
L'autre, un trône orgueilleux... son aire ! *(au refrain.)*

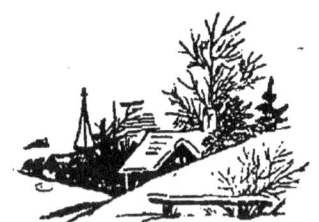

II

GUITARES & MANDOLINES

CHANSONS DE TABLE

LA GAITÉ S'EN VA

I

Jadis quand on était à table,
C'était pour faire honneur au vin
Autant qu'aux mets qu'un hôte aimable
Servait au cours d'un gai festin.
Bon appétit était de mise,
Chaque convive, en belle humeur,
Entonnait refrain à sa guise
Et tous lui répondaient en chœur !

REFRAIN

Et gai, gai, gai, la coupe emplie,
    Fêtons la vie,
Pour la bien mener jusqu'au bout.
    C'est encore, après tout,
    Une façon polie
De remercier Dieu de tout.

II

Ecartant tous propos moroses,
Propres à gâter bon repas,
On n'y devisait que des choses
Qui font le bonheur ici-bas :
On chantait la France et les belles,
Tout ce que le cœur aime bien
Et qui donne forces nouvelles
Pour le labeur quotidien.   (*au refrain*).

III

Aujourd'hui, quelle différence !
Les estomacs sont détraqués,
La politique et la finance
Prennent place à tous nos banquets.
On dîne en hâte pour entendre
Bluffer les hommes compétents !...
Mais la chanson peut bien attendre :
De l'ouïr on n'a pas le temps.   (*au refrain*).

IV

On ne boit plus, on mange à peine,
Chacun prend un air réfléchi,
Ou si jamais la coupe est pleine,
C'est de *Vittel* ou de *Vichy* !
Mais chose encor plus triste à dire,
Vieux avant l'âge, nos enfants
Digérant mal, n'osent plus rire;
Et sont las de vivre à vingt ans !   (*au refrain.*)

V

Français du doux pays de France,
Souvenons-nous de nos aïeux :
Pour avoir leur mâle assurance,
A table soyons gais comme eux.
Bannissons-en propos moroses
Propres à gâter bons repas,
Et n'y devisons que des choses
Qui font le bonheur ici-bas.   (*au refrain.*)

POUR MA RÉCEPTION AU CAVEAU

Quand un auteur
De marque ou de génie,
Par droit, par force ou par faveur,
Entré à l'Académie,
Cela toujours se fait
En très grande cérémonie.
Et, pour ajouter à l'effet,
Le nouveau récipiendaire
Lit un discours long et parfait,
De forme... dite lapidaire.

Au vieux *Caveau*
Qui compte autant de gloires
Que de noms portés au tableau,
On fait bien moins d'histoires,
Et, sans plus de façon,
Ce qui vaut mieux que longs grimoires,
— « *Entrez, cher ami!* » — vous dit-on !
Et la chose en douceur se passe
Si vous pouvez d'une chanson
Au banquet marquer votre place.

Ah ! voilà bien
Ce qui gâte l'affaire :
Discours même qui ne dit rien
(Chose assez ordinaire),
Peut à l'occasion
Etre une œuvre très littéraire,
Cependant que toute chanson,
Pour être quelque peu valable,
A l'esprit comme à la raison
Doit se montrer recommandable.

Car tout est là...
D'où me vint donc l'audace,
(Sachant, hélas! si bien cela),
De briguer une place
Dans ce noble Caveau
Où le divin laurier s'enlace
Sur chaque front, toujours plus beau ?
Que l'amitié me le pardonne !...
Messieurs, au Caviste nouveau
Vous pouvez faire large aumône.

Mais votre accueil
Me donne bon courage ;
Et c'est avec un juste orgueil
Que je reçois le gage (1)
Entre tous précieux
De votre bienveillant suffrage.
Merci, merci donc à vous deux
Mes chers parrains, Bertot, Dupille (2),
Grâce à votre appui généreux,
De la maison j'ai... l'estampille.

(1) Le diplôme de membre du Caveau.
(2) Président et vice-président.

Puissé-je aussi,
Ce que tant je désire,
Trouver, en pénétrant ici,
Pour accorder ma lyre,
Cette clef qui, dit-on,
Dès que l'on veut chanter ou rire,
Vous donne de suite le ton.
Mais je crains fort, et c'est ma peine,
Hélas ! pour plus d'une raison,
Que mon attente ne soit vaine.

LE BON MÉDECIN !

I

Braves gens qui, dans les journaux,
Périodiques et gazettes,
Chaque jour pour guérir vos maux
Cherchez de nouvelles recettes,
Si vous voulez bien l'écouter,
Je vous en donne l'assurance,
Mon médecin va vous dicter
Une merveilleuse ordonnance.

REFRAIN

Ah ! ah ! ah !
Oh ! la, la,
Qu'on l'honore,
Qu'on le décore,
Ce méd'cin-là !

II

— Voici, dit cet homme de bien,
Voici ce que je vous ordonne,
Mais surtout n'y réformez rien :
Sans vous soucier de personne,
Buvez ce qui vous fait plaisir
Pourvu que la boisson soit bonne.
Mangez selon votre désir
Tout ce que Nature nous donne.   (*au refrain.*)

III

— S'il fait froid, auprès d'un bon feu
Asseyez-vous le ventre à table,
Mais n'absorbez trop ni trop peu,
Le point c'est d'être raisonnable.
De nos maux les mieux stipulés
Les courants d'air font le grand nombre ;
Quand il fait chaud, évitez-les,
Et, buvant frais, restez à l'ombre !   (*au refrain.*)

IV

— Ne vous couchez jamais trop tard,
Mieux vaut vous lever de bonne heure ;
Jetez chaque jour un regard
Sur vous-même et votre demeure :
Bonne hygiène donnant santé,
Dès que le soleil va paraître,
Pour profiter de sa clarté
Ouvrez grande votre fenêtre.   (*au refrain.*)

V

— Ne dormez qu'autant qu'il le faut,
Quand de dormir vous prend l'envie :
Trop de fatigue est un défaut,
Le repos prolonge la vie.
Promenez-vous quand il fait beau,
Vous respirerez plus à l'aise ;
Quand il pleut, laissez tomber l'eau,
Et restez coi sur votre chaise.   (*au refrain.*)

VI

— Avec votre amie, aussi bien
Qu'avec votre épouse — la chose
En l'occurrence n'y fait rien ! —
Faites... du *sport*, à juste dose.
Etes-vous mal en train parfois,
Ne vous droguez pas, c'est nuisible ;
Mais chaque an, au moins une fois,
Purgez-vous; c'est chose plausible !   (*au refrain*)

VII

— Pour le surplus, allez en paix !
Que voulez-vous que je vous dise ?
Les plus malins sont attrapés :
Faites-en donc à votre guise.
Puis, comme il vient, prenez le temps
Sans vous inquiéter d'avance :
Avec ça vous vivrez cent ans,
C'est ce que veut mon ordonnance.   (*au refrain.*)

CHANSON DES VENDANGES

Musique de L. PERLAT.

REFRAIN DES VENDANGEURS.

Vendangeurs, dépouillons nos treilles
Des grappes lourdes et vermeilles,
Et portons en hâte au pressoir
Le raisin blanc, le raisin noir.
 Grappes dorées,
 Grappes pourprées,
 Source du vin,
Au bruit de notre gai refrain
Feront couler le jus divin.

I

Allons, Suzon, lève-toi vite :
On vendange aux côteaux voisins ;
Monseigneur Bacchus nous invite,
Septembre a mûri ses raisins.
— Ohé ! ohé !... l'on nous appelle
D'un bout à l'autre du sentier !
Rejoignons la troupe, ma belle,
Prends ta serpette et ton panier ! (*au refrain*)

II

Pas besoin de faire toilette ;
Si ton corsage par moment
S'entr'ouvre, j'y ferai cueillette
D'un baiser plus facilement.
La récolte apparaît plus belle
Quand l'amour se fait vendangeur :
Jupon court, fichu de dentelle
Plaisent au galant grappilleur.   (*au refrain.*)

III

En route donc : vendange faite,
Avec les joyeux vignerons
Nous fêterons, ô ma Suzette,
Le vin qui rend les jours moins longs.
Oui, tu me verseras, ma mie,
Cette merveilleuse liqueur
Qui me fait te voir plus jolie
Et met plus d'amour dans mon cœur !

REFRAIN FINAL

Vendangeurs, bénissons nos treilles :
Toutes les cuves du pressoir
Sont pleines de grappes vermeilles
Du raisin blanc, du raisin noir :
    Grappes dorées,
    Grappes pourprées,
    Source du vin,
Au bruit de notre gai refrain,
Laissez couler le jus divin.

LE TEMPS PASSÉ VALAIT BIEN MIEUX !

Laissons entre eux causer les vieux,
Et gardons-nous bien de sourire :
Sur le temps qui n'est plus pour eux
Hélas ! ils ont tant à se dire !
Pourquoi leur reprocher, aux vieux,
De jeter ce cri de détresse :
— « Le temps passé valait bien mieux ! » —
C'était le temps de leur jeunesse !

Le temps passé, c'était pour eux
Celui de l'amour et du rêve,
Alors que, jeunes, donc heureux,
Toute heure vous semble trop brève !
Le temps passé, c'était pour eux
Le temps où l'on va, l'âme en fête,
Au hasard des chemins ombreux,
Causer tout bas, en tête à tête !

Le temps passé, c'était pour eux
Le temps où la maison est pleine
De petits au rire joyeux
Qui font oublier toute peine.
Mais il n'est plus, ce temps heureux,
Pour les vieux qui courbent la tête ;
Et quand tout est joie autour d'eux,
Las ! ils ne sont plus de la fête.

Ah ! qu'ils ont donc raison, les vieux,
En essuyant un pleur, de dire
Que le temps passé valait mieux !
Surtout gardons-nous bien d'en rire :
Car un jour nous dirons comme eux,
Avec tout autant de justesse,
— « Oui vraiment il valait bien mieux
« Le temps passé de la jeunesse ! »

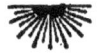

CAVISTES, BUVONS LE VIN DE FRANCE !

Dédié aux Cavistes, buveurs d'eau !

Si je m'en rapporte à l'Histoire,
Le Caveau, temple glorieux
De la chanson, — c'est fait notoire, —
Eut aussi ses buveurs fameux :
Bons vivants, cela va sans dire,
Ayant de l'eau la sainte horreur,
Avec esprit ils savaient rire,
Et faisaient au vin grand honneur !

Or, j'ai pu voir, chose navrante,
Que maints convives du Caveau,
A ces dîners que tant on vante,
Au lieu de vin boivent de l'eau.
C'est une mauvaise habitude
Qui dénote chez ces clients
La prochaine décrépitude
Ou des services... peu brillants !

Je comprends qu'il est nécessaire
De surveiller son estomac,
Vu que l'excès de bonne chère
En peut déréglèr le tic-tac ;
Qu'avec réserve aussi l'on use
Des flèches du dieu Cupidon,
Quand on a... l'âge pour excuse
Ou... toute autre bonne raison !

Il est sage enfin qu'on se mette,
Sur l'ordre de la Faculté,
Un jour de fièvre, à la diète :
C'est même une nécessité !
Mais, hors le cas de maladie,
Un caviste boire de l'eau ! —
N'est-ce pas une anomalie
Une tache noire au tableau ?

Puisque en nos joyeuses agapes
Nous célébrons le jus divin,
Quoi qu'en disent les Esculapes,
Amis, faisons honneur au vin !
Autrement je crains qu'on nous gronde
Et que l'on nous tienne à l'écart,
Quand nous voudrons dans l'autre monde
Nous recommander de Panard !

Oui, buvez le bon vin de France,
O gais convives du Caveau,
Il donne aux âmes la vaillance
Et met en verve le cerveau !
C'est lui le pur sang de la race,
En lui réside sa vigueur,
Sa belle humeur et son audace,
Que surpasse encor son grand cœur !

ENVOI

Mes chers amis, de ma boutade
Ne gardez dépit, ni tourment ;
Surtout n'y voyez galéjade,
Encore moins un boniment.
J'ai voulu simplement vous dire
Qu'en ce jour de joyeulseté
Plus qu'en aucun autre il faut rire,
Et que du vin sort la gaîté.

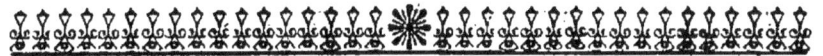

VIEILLE CHANSON,

TOUJOURS NOUVELLE

I

Dissipant brouillard et brume
Amassés sur les sillons,
Le soleil enfin rallume
Sa gerbe de clairs rayons.
Sur le toit de la chaumière
Chanteclair jette aux échos,
Pour réveiller la fermière,
Ses joyeux cocoricos.

REFRAIN

Dis-nous ta chanson, fauvette,
Reprends ton refrain, pinson,
La forêt a fait toilette,
La feuille pousse au buisson.
Vive la saison bénie,
Vive le temps des amours :
Toute tristesse est finie
Quand reviennent les beaux jours.

II

Aux fleurs fraîchement écloses
Le papillon dit bonjour
Donnant aux naissantes roses
Son premier baiser d'amour ;
Et dans les bois en sourdine
Pan accorde ses pipeaux,
Rappelant sur la colline
Les pâtres et leurs troupeaux.   (*au refrain.*)

III

Colin dit à Colinette
En l'embrassant tendrement :
— D'aller danser sur l'herbette
Voici venu le moment.
Prends ta houlette, bergère,
Et rassemble tes moutons,
Je sais un lit de fougère
Ou nous nous reposerons.   (*au refrain.*)

IV

C'est bien la saison divine :
Tout est fête sous le ciel,
L'abeille au jardin butine
Sa blonde moisson de miel
Damoiseaux et damoiselles
S'en vont écouter ravis
Les oiseaux et les oiselles
Jasant au bord de leurs nids. (*au refrain.*)

ENVOI

Belle entre toutes les belles,
Voulez-vous que nous allions
Ecouter par les venelles
Les printanières chansons ?
En cueillant la marjolaine
Dont tant vous plaît la senteur,
Je vous dirai cantilène
Qui vous mettra joie au cœur !   (*au refrain.*)

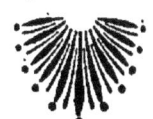

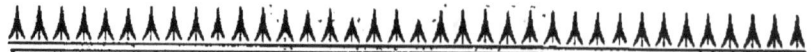

TOUJOURS CHANTER !

Chanson de route et de l'atelier !

REFRAIN

Chantons, amis, chantons,
En chœur, sur tous les tons ;
Qui chante aime la vie
Et jamais ne s'ennuie !
Oui, mes amis, chantons
Tout ce qu'au cœur nous ressentons :
Nos amours et nos haines,
Nos bonheurs et nos peines !

I

Chantons dès que nous nous levons
Afin que la journée
Soit rondement menée !
Aux champs, à l'atelier, chantons :
Le chant donne courage
Et fait marcher l'ouvrage !   (au refrain.)

II

Chantons lorsque nous cheminons,
  Les pieds trottent plus vite
  Quand la voix les excite.
Chantons surtout quand nous souffrons :
  Bonne chanson console,
  Et la douleur s'envole !   (*au refrain.*)

III

Chantons, pour que nous les aimions,
  Toutes les belles choses,
  — Les femmes et les roses ! —
Qu'en cours de route nous voyons :
  Fleur comme femme est faite
  Pour mettre l'âme en fête !   (*au refrain*)

IV

Chantons partout où nous passons,
  Notre France chérie :
  L'amour de la Patrie
Fait redresser plus haut les fronts :
  La nôtre est assez belle
  Pour être orgueilleux d'elle !   (*au refrain.*)

V

Chantons, au soir quand nous rentrons ;
  Et sous l'œil de la lune
  Nous rêverons fortune....
Tant pis si nous nous réveillons
  Avec l'aube vermeille,
  Aussi gueux que la veille.

REFRAIN FINAL

Oui, mes amis, chantons,
En chœur, sur tous les tons,
Nos amours et nos haines,
Nos bonheurs et nos peines ;
Et quand maître Pluton
Nous dépêchera son planton.
Sans faire banqueroute
Nous lui dirons : « en route ! »

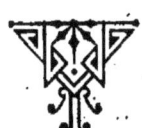

BONNE ANNÉE ET SANTÉ PARFAITE

I

Mes chers amis, je vous souhaite,
Pour saluer le nouvel an,
Bonne année et santé parfaite,
Selon la formule d'antan.
Cette formule a le mérite,
Bien qu'un peu fruste, je le veux,
D'offrir aux gens que l'on visite,
En résumé les meilleurs vœux.

II

Sans compter qu'aux phrases pompeuses,
— Qui sont peu sincères, de fait,
Quand elles ne sont ennuyeuses, —
Elle coupe court à souhait !...
Ridicule ou non ridicule,
Narguant les esprits exigeants,
Je m'en tiens donc à la formule
Toute simple des bonnes gens.

III

Après tout, « *bonne année* » veut dire,
— Bien que ce ne soit qu'en deux mots, —
Chacun aura ce qu'il désire :
Tous les biens rêvés..... sans les maux.
Saluons donc l'*année nouvelle*,
Car si les pronostics sont vrais,
Elle sera l'*année modèle* :
C'est écrit aux *traités secrets* !

IV

Elle apporte aux pêcheurs de Lune
Large pâture d'idéal,
Aux arrivistes la fortune,
Aux femmes.. l'*amour intégral* ;
Aux rentiers de beaux dividendes,
Aux théâtres le *maximum*,
A l'Etat... des charges plus grandes,
Aux imposés... le *minimum*.

V

Elle apporte aux *divins* poètes,
Cet oiseau rare, un acheteur
De leurs œuvres... toujours complètes
Dans les casiers de l'éditeur ;
Aux chansonniers, l'humeur joyeuse
De Panard et de Désaugier,
Leur verve légère et railleuse,
Et des refrains plein le gosier.

VI

Elle apporte l'*année modèle*,
Aux avocats d'heureux procès,
Aux médecins, la clientèle,
Aux diplomates, le succès ;
Aux époux, la paix du ménage,
Aux rentiers, la sécurité...
Aux décavés, un héritage ;
A tous enfin, joie et santé.

VII

Sans quoi l'étrenne serait nulle...
D'où je conclus qu'au nouvel an
Il n'est qu'une bonne formule,
La vieille formule d'antan.,
Et c'est pourquoi je vous souhaite
Comme au début, en terminant :
Bonne année et santé parfaite,
Et le surplus à l'avenant.

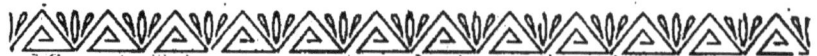

LES JOYEUSETÉS DE LA FIN DU MONDE

OU LA COMÈTE MALFAISANTE

C'est pour demain la fin du monde,
Disait un pronostic exact :
Une comète vagabonde
Avec nous doit être en contact ;
Et tel que grenade trop mûre
Notre globe à ce choc brutal
Eclatera, c'est chose sûre,
Dénouement, hélas ! trop fatal !

Voilà l'heure, soufflait l' notaire
En serrant la main du client;
De mettre au point son inventaire
Et de dresser son testament.
— A quoi bon, je vous le demande,
Ineffable tabellion,
Ce testament, puisque la bande
Doit fondre sans exception ?

Arrimons notre aéroplane,
Et pftt ! crânait l'aviateur;
C'est bien le diable si la panne
Arrête en route le moteur !
— Homme-oiseau, vous perdez la tête :
Ignorez-vous donc que dans l'air
Les gaz sortis de la comète
Empoisonneront tout l'éther ?

Ah ! la terre s'ra submergée,
S'esclaffait un gai mathurin !
Chouette alors, faisons la plongée...
Quell' chanc' d'avoir un sous-marin !
— O pôvre ! tu me fais bien rire !
Apprends donc ce qu'il adviendra :
Le temps seulement de le dire,
Toute l'eau s'évaporera !

Descendons dans la galerie,
Songeait l' mineur, là nous pourrons
Fair' la nique à cette furie ;
Après quoi nous remonterons !
— Çà, c'est vraiment trouvé d'emblée ;
L'idée, hélas ! n'a qu'un défaut :
C'est que la foss' sera comblée
Par les éboulements d'en haut !

Pardonne à ta petite femme,
Pleurait Hortense à deux genoux ;
Je t'ai trompé, mais sur mon âme,
Je le jure, ô mon cher époux;
Désormais je serai fidèle,
Et ne veux plus que ton amour !
— Pardieu, vous plaisantez, la belle !
Et qui donc vous fera la cour ?

Humiliez-vous, mes chers frères,
Prêchait l'abbé plein d'onction ;
Joignez l'aumône à vos prières,
Faites au Seigneur large don ;
Embellissez son sactuaire,
Et construisez temples nouveaux !
— Temples nouveaux ? où donc, compère,
Puisque ce sera le chaos ?

Mais il advint comme en l'an mille :
A l'amiable tout se passa !
La comète fut fort civile
Et dans l'espace s'éclipsa :
Rien de cassé sur notre terre ! —
C'était certain !... Mais que de sots
Du confesseur et du notaire
Ont pourtant grossi les magots !

Pauvres humains, veuillez m'en croire,
Chassons l'effroi de notre esprit :
Mieux vaut partir sans plus d'histoire,
En se disant : « c'était écrit ! »
A quoi bon nous torturer l'âme
Et vouloir conjurer le sort ?
De nos jours c'est brouiller la trame,
Nul ne sait quand viendra la-mort !

Mourir ! il le faut, nul n'en doute ;
A cet arrêt tout est soumis !
Semons donc de fleurs notre route
Pour l'embellir, ô mes amis ;
Et puis, vienne la fin du monde
A tel moment qu'elle voudra,
Par la foudre, la flamme ou l'onde,
Mais vivons en paix jusque-là !

REMÈDES POUR DAMES, DE L'ABBÉ X***

I

Du Seigneur les sages desseins
Ont parfois une allure étrange !
Jadis se donnant pour des saints,
Prêtres et moines faisaient l'ange.
Aujourd'hui tous sont médecins :
Chanoines et simples vicaires,
Sœurs converses et capucins
Sont changés en apothicaires !

REFRAIN

Bénissons à jamais,
Le seigneur et ses bienfaits *bis*.

II

Ouvrons gazettes et journaux :
A chaque page on nous annonce
Recettes et baumes nouveaux,
Bénis par le pape ou le nonce ;
Car tous sont produits fabriqués
Dans quelque officine pieuse,
Puisque dûment authentiqués
Par une main religieuse.   (*au refrain.*)

III

Mais le plus drôle en vérité,
C'est que nos abbés qui se piquent
D'avoir fait vœu de chasteté,
Dans maints opuscules expliquent
Aux femmes comment mettre fin
A leurs infirmités secrètes :
J'en suis tout baba, car enfin
Qui dit prêtres veut dire ascètes. *(au refrain.)*

IV

Onc je n'ai vu qu'il soit écrit
En quelque endroit de l'Evangile
Que tel était de Jésus-Christ
La doctrine pourtant subtile :
C'est sans doute l'esprit des temps,
Et qu'il faut pour sauver leurs âmes
Mettre en flacons petits ou grands,
Les remèdes propres aux dames. *(au refrain,)*

C'EST LA MODE

A PROPOS D'EAUX MINÉRALES

I

Vous savez qu'aujourd'hui le vin
Est tenu pour boisson suspecte :
Des maux, dit-on, c'est le levain !
Tout médecin qui se respecte
Doit l'interdire à ses clients,
Malades comme bien portants !
    Même incommode,
    Telle est la mode !

II

De l'eau, rien que de l'eau, toujours !
Avec ça l'on est sûr de vivre
Sans malaise, et de voir ses jours
Pour longtemps inscrits au grand-livre !
Telle est l'ordonnance... Messieurs
Les docteurs sont facétieux !
    Mais de la mode
    On s'accommode.

III

Sans doute ils y trouvent leur fait,
Comme d'aucuns le font entendre :
Bien des gens disent, en effet,
Qu'ils ont profit à faire vendre
Mainte eau de source au nom fameux !
Que d'autres, hélas ! font comme eux !
    L'or rend la mode
      Douce et commode !

IV

Moi je sais de ces médecins
Qui ne parlent que tempérance
Et recommandent, les bons saints,
De suivre au mieux leur ordonnance,
Alors qu'ils se piquent le nez
Comme les plus fiers Polonais !
    Tourner le code
      Est si commode !

V

Ces gens-là nous leurrent, hélas !
De même que prêcheurs en chaire :
Le plus souvent ils ne font pas
Ce qu'ils enseignent, au contraire !
Où le mal ?... puisque les clients
De mensonges sont si friands ?
    Selon la mode
      La plus commode !

VI

Connaître son tempérament,
Régler sa vie en conséquence,
User de tout modérément
Est à mon avis la science
Qui peut nous faire vivre vieux,
A la fois, et nous rendre heureux :
    Mais c'est la mode
    La moins commode !

UN POINT D'HISTOIRE
ou
LE MARIAGE D'ADAM ET ÈVE

Au Maître chansonnier O. PRADELS.

I

Je désirais savoir, oui-dà,
Dans quelle église ils contractèrent,
Et quel curé les maria,
Quand Ève et Adam s'épousèrent.
Des gens affirment que cela
Pour nous n'est d'importance aucune,
Et que la chose se passa
Simplement au clair de la Lune !

II

En bouquinant de ci, de là,
J'ai trouvé certain vieux grimoire
Qui tout au long me révéla
Ce que ne dit aucune histoire :
Le temple était un magnolia
Sous lequel, le cœur en liesse,
Un gai pinson officia
En chantant sa première messe.

III

La messe dite, il leur parla,
Comme tout bon curé doit faire,
De leurs devoirs, puis ajouta :
« Pour le reste,... c'est votre affaire ! »
Le reste ?... Le reste ? Voilà :
Dans le livre existe une fuite...
Mais qui ne sait qu'Eve croqua
Certaine pomme ?... Et c'est la suite.

IV

Ce qui prouve fort bien, oui-dà,
Qu'on a tort d'en faire un mystère :
Toute femme sur ce point-là
D'avance sait ce qu'il faut faire !
Ève elle-même en témoigna
De la plus formelle manière :
N'est-ce pas elle qui guigna
Le fruit défendu, la première ?

LE TESTAMENT DE JEAN-CLAUDE
PENSEUR LIBRE

I

Avant qu'on ait cloué ma bière
Pour rendre mon corps à la terre,
Pendant que j'ai bien ma raison,
Voici, de formelle façon,
Comme j'entends que l'on emmène
Au champ des morts ma loque humaine :
Pour le reste je m'en remets
Aux règlements accoutumés.

II

Mes amis, c'est une prière :
Quand vous me porterez en terre,
— Vers l'Enfer ou le Paradis ? —
Oubliez le *De profundis* :
C'est une trop triste rengaine
Et qui vous mettrait l'âme en peine !
Chantez plutôt le *Libera*
Que l'amitié vous dictera

III

Mes amis, c'est une prière :
Quand vous me porterez en terre,
Pas de moines, ni de bedeaux,
Tous ces sacristains chantent faux ;
Leurs *oremus* et leurs *neuvaines*
Coûtent cher et sont choses vaines.
D'aucun rite n'ayant fait choix,
Je ne veux goupillon, ni croix !

IV

Mes amis, c'est une prière :
Quand vous me porterez en terre,
Faites la chose simplement,
Comme le veut mon testament ;
Et — devrais-je vous le défendre,
Puisque je ne pourrai l'entendre ? —
Pas de long discours : c'est vilain
De changer la tombe en tremplin.

V

Mes amis, c'est une prière :
Lorsque vous m'aurez mis en terre,
Sur moi ne versez pas de pleurs,
Mais couvrez ma tombe de fleurs :
La mort est une délivrance,
Elle finit toute souffrance.
Plutôt que de lui faire noir,
Il faut gaîment la recevoir.

VI

En attendant que ce jour vienne,
— Oh ! ne croyez pas que j'y tienne ;
Non ! le plus tard que ce sera,
Je vous le dis, mieux ça vaudra !
En attendant, de cette vie
Jouissons, et je vous en prie,
Comme d'une autre on ne sait rien,
D'en discuter gardons-nous bien !

VII

Cela dit, mon heure dernière,
Puisqu'il faut tous rentrer en terre,
Peut sonner quand elle voudra :
Advienne de moi que pourra !
L'âme en paix sans terreur aucune,
N'ayant ni haine, ni rancune,
Content d'avoir assez vécu,
Je m'en irai vers l'inconnu !

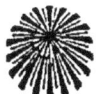

LA FÊTE DES VIGNERONS

I

Amis, c'est aujourd'hui la fête
Des vignerons : vive le vin !
Approchons-nous, la table est prête,
Bacchus préside le festin.
L'hôtelier vient de mettre en perce
Toute une file de tonneaux.
Disant à son échanson : « verse,
« On y mettra des vins nouveaux ! »

REFRAIN

Oui, fêtons d'une façon digne
Noé, ce patriarche insigne
Qui le premier planta la vigne,
    Et du raisin
      Tira le vin !

II

Notre hôte a raison et j'appelle
L'attention des gouvernants
Pour qu'ils récompensent son zèle
En lui donnant tous les rubans.
Pour le moment dans ses bouteilles
Faisons le vide et dégustons
Les meilleurs produits de ses treilles,
Crus Bordelais et Bourguignons   (au refrain.)

III

Vins de plaine et vins de montagne,
Tous ont pour nous le même prix :
Bourgogne, Bordeaux et Champagne
Sont l'honneur de notre pays !
Levons donc ensemble nos verres
A la France au sol généreux,
Pour que nos fils, comme leurs pères,
Du nom français soient orgueilleux !   (au refrain).

IV

L'Espagne ainsi que l'Italie
Ont beau célébrer leurs produits :
Les préférer serait folie,
Leurs vins ne sont que des vins cuits !
Et maintenant pour que la fête
Nous laisse au cœur bon souvenir,
Buvons à l'amitié parfaite
Qui sut ici nous réunir !

REFRAIN FINAL

Et nous aurons de façon digne
Fêté le patriarche insigne
Qui le premier planta la vigne,
    Et du raisin
    Tira le vin !

LAMENTATIONS D'UN VIEUX

REFRAIN

Mes amis, je deviens vieux,
Hélas ! il faut q' j'en convienne :
Mais tout de même, mordienne,
Vieillir est fort ennuyeux !
Rester jeun' vaudrait bien mieux !

I

Hélas ! quand on devient vieux,
Quoi qu'on veuille et quoi qu'on dise,
La gaité n'est plus de mise ;
Tout vous est laborieux :
Même en prenant des bésicles
On n' peut lir' tous les articles
D'son journal, faut' de bons yeux !
Ah ! qu' vieillir est ennuyeux. *(au refrain)*

II

Hélas! quand on devient vieux,
Si l'on veut rester à table,
Il faut être raisonnable
Et de tout user fort peu !
Sortir de chez soi vous coûte,
Toujours trop longue est la route :
L'on n'est bien qu'au coin du feu...
Ah! qu' vieillir est ennuyeux.   (*au refrain*)

III

Hélas! quand on devient vieux
Dès que l'on conte une histoire,
Certain défaut de mémoire
Soudain vous fait oublieux !
On voit baisser sa jugeotte...
Heureux quand on ne radote
Au point d' passer pour gâteux.
Ah! qu' vieillir est ennuyeux.   (*au refrain*)

IV

Hélas! quand on devient vieux,
Les amis font moins visite,
La jeunesse vous évite,
Vous traitant d'esprit quinteux !
Aussi, l' temps que l'on préfère
C'est l' passé, l' reste indiffère,
Et l' présent est odieux !
Ah! qu'vieillir est ennuyeux !   (*au refrain*)

V

Hélas ! quand on devient vieux,
La voix se fait chevrotante,
Et si quelquefois on chante,
L' ton n'est plus harmonieux !
Quant à débiter fleurette :
« Ça n' te va plus, dit Lisette ;
« Tais-toi, bavard, tu f'ras mieux ! »
Ah ! qu' vieillir est ennuyeux !   (*au refrain*)

VI

Vous l' voyez, quand on est vieux,
Quoi qu'on veuille et quoi qu'on dise,
La gaîté n'est plus de mise,
Chacun vous trouve ennuyeux !
Tout vous répète à la ronde
Qu'il est temps de quitter c'monde
Et d'lui faire vos adieux !
Ah ! qu'vieillir est ennuyeux.

REFRAIN FINAL

Mes amis, quand on est vieux,
Le mieux c'est qu'on en convienne,
Sans plus se faire de peine,
En s' rapp'lant les jours heureux :
Que d' jeun's ne devienn'nt pas vieux !

GUERRE A L'EAU !

I

La Faculté,
Dans sa bonté,
Voulant d'un coup nous rendre
A jamais bien portants,
Certain jour fit entendre
Ces mots déconcertants :
« Plus de vin, mais de l'eau bouillie,
« C'est l'élixir de longue vie ! »

II

Les médecins
Sont des bons saints :
S'ils nous disent de boire
Au lieu de vin, de l'eau,
C'est, — veuillez bien le croire,
Le cas n'est pas nouveau, —
C'est pour leur profit qu'ils travaillent,
Au grand dam de ceux qui les raillent !

III

La preuve en est
Dans ce seul fait
Que les apothicaires,
Depuis l'arrêt rendu,
Font au mieux leurs affaires,
N'ayant jamais vendu
Tant d'onguents ni tant de pommades
A leurs innombrables malades !

IV

Et maintenant
Quoi d'étonnant
Qu'on voie en notre France
La population,
Signe de décadence,
En diminution !
Allez donc vous mettre à l'ouvrage
Quand vous manquent force et courage !

V

Mes bons amis,
Je vous le dis,
Bien mieux vivaient nos pères :
Riant du médecin,
Ils buvaient à pleins verres,
Pomard et Chambertin,
Et tous ces autres crus insignes,
Honneur et gloire de nos vignes !

VI

Ces chers aïeux
Si pointilleux
Sur l'apprêt de leur table,
Eussent rougi d'y voir
La meilleure eau potable,
Sinon dans l'arrosoir,
Pour rincer, après boire, aiguières,
Brocs, pichets, gobelets et verres !

VII

Aussi le cœur
En belle humeur,
Jamais l'esprit morose,
Mais contents de leur sort,
Voyant la vie en rose,
Ils attendaient la mort,
Verre en main, sans peur ni faiblesse,
Et l'âme exempte de tristesse !

VIII

Donc, mes amis,
En fils soumis,
Laissons dans les rivières
L'eau couler au moulin :
De même que nos pères,
Préférons-lui le vin !
Au bonheur il nous aide à croire,
Puisqu'il dissipe l'humeur noire.

MARGOT, MARGOT, LAISSONS-LES DIRE

Musique de L. Perlat

I

Bonjour, Margot, bonjour, ma mie,
Et comment va ce petit cœur
Que les méchants — quelle infamie ! —
Accusent de tant de noirceur ?

— Margot, Margot, ils me font rire,
Ces jaloux et ces envieux
Qui voudraient m'empêcher de lire
Mon bonheur au fond de tes yeux !

II

Les uns disent que dans ton âme
Souffle au hasard le vent d'amour,
D'autres prétendent que ta flamme
Brûle, et s'éteint le même jour !

— Margot, Margot, etc...

III

S'il me fallait enfin les croire,
Quand je te murmure tout bas
Mon plus amoureux répertoire,
Toi, tu ne m'écouterais pas !

— Margot, Margot, etc ,.

VI

Mais tout cela n'est qu'infamie,
Et qui le dit est un menteur,
N'est-ce pas, ô Margot, ma mie,
Toi qui m'as donné tout ton cœur ?

— Margot, Margot, laisons-les dire,
Ces méchants et ces envieux :
Rien ne peut m'empêcher de lire
Mon bonheur au fond de tes yeux.

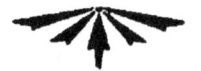

STANCES ET ROMANCES

LE POINT, C'EST DE SAVOIR AIMER !

Musique de L. Perlat

L'amour est une chose exquise...
Mais à quoi bon le définir ?
Un mot, un regard l'âme est prise !
Et pourtant aimer c'est souffrir...
Grisette, bourgeoise ou marquise,
Dont la grâce veut nous charmer,
Le savent sans qu'on le leur dise :
Tout est dans ce seul mot : *aimer* !

C'est que l'amour, quoi qu'on en dise,
L'amour qui nous fait tant souffrir,
Est vraiment une chose exquise,
Puisque le rêve est d'en mourir ?
Ne craignez que j'y contredise,
Belles, vous pourriez m'en blâmer !
Mais si l'amour est chose exquise,
Le point, c'est de savoir aimer !

Que chacun donc aime à sa guise,
Suivant son goût et son désir,
Grisette, bourgeoise ou marquise :
Contentement, double plaisir !
Car l'amour, cette chose exquise,
Que tant se plaisent à blâmer,
Peut n'être aussi qu'une surprise...
Combien ne savent point aimer !

ENVOI

Ninon, votre grâce est exquise
Et vous savez si bien charmer
Qu'il n'est besoin que je vous dise :
« Le point, c'est de savoir aimer ! »
Aussi ne serez pas surprise
Quand vous aurai dit, pour finir,
Que d'amour me sens l'âme prise
Au point de vouloir en mourir !

VITE, SUZON, FAIS TA TOILETTE

Musique de L. PERLAT

Dis-moi, Suzon, connais-tu la nouvelle ?
Monsieur Printemps, saluons bas, ma belle,
Vient d'arriver portant joli toquet
De lilas blanc et de brins de muguet.
Pour l'acclamer troubadours et trouvères
Par les sentiers, bordés de primevères,
S'en vont chantant leurs refrains les plus beaux,
Mêlant leurs voix au concert des oiseaux !

REFRAIN

Vite Suzon, fais ta toilette
Et mets du rire plein tes yeux :
Il faut être aujourd'hui coquette,
Monsieur Printemps veut pour sa fête,
Jolis atours et front joyeux.

Ecoute un peu : je crois qu'il nous invite
Fort gentiment à lui faire visite...
Puisqu'il nous vient apporter plus d'amour,
Courons lui dire un amical bonjour.
Main dans la main et le cœur en liesse,
Nous prendrons part à sa grande kermesse;
Chemin faisant, par les parfums grisés,
Nous cueillerons des fleurs et des baisers.

(au refrain).

Sous les arceaux où murmure la brise,
En écoutant l'oiseau qui vocalise
L'hymne éternel des amours inlassés,
Nous marcherons tendrement enlacés.
Et quand la nuit mystérieuse et sombre
Sur le ciel bleu mettra son voile d'ombre,
Vers notre nid sans bruit nous reviendrons
L'oreille pleine encore de chansons.

REFRAIN

Vite, Suzon, fais ta toilette
Et mets du rire plein tes yeux :
Il faut être aujourd'hui coquette,
Monsieur Printemps veut pour sa fête
Jolis atours et front joyeux !

ME PARDONNEREZ-VOUS ?

Romance

Connaissez-vous de par le monde
— Est-ce une brune, est-ce une blonde ? —
Une femme au regard si doux
Que je vis de son seul sourire ?
Son nom ? Je n'ose vous le dire,
Vos yeux se mettraient en courroux !

Il est un ange que j'adore
Et que dans mes rêves j'implore
Comme on implore, à deux genoux,
La madone au divin sourire...
Son nom ? Je n'ose vous le dire,
Vos yeux se mettraient en courroux !

Et c'est pourquoi je souffre et pleure
Lorsque rentré dans ma demeure,
Je n'ai plus ce regard si doux
Tourné vers moi pour me sourire !...
Mais je n'ose pas vous le dire :
Vos yeux se mettraient en courroux !

Il est une femme que j'aime,
Que j'aime d'un amour extrême :
Elle a votre regard si doux,
Elle a votre divin sourire..,
Son nom?... Je viens de vous le dire,..
Hélas! me pardonnerez-vous?

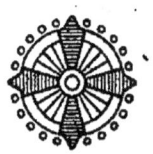

AIMER !

REFRAIN

Aimons-nous, ma belle, aimons-nous,
Tout nous le dit, tout nous le crie,
Et notre cœur plus haut que tous !
La joie est vite évanouie,
Les beaux jours ici-bas sont courts,
Et quand la jeunesse est enfuie,
Qu'est la vie, hélas ! sans amours ?

I

Aimer, c'est ce que dit la goutte de rosée
Qui frissonne emperlée au souffle des matins,
Le nuage qui passe à la voûte irisée,
Emporté par le vent aux rivages lointains !
Aimer ! c'est la chanson de la forêt profonde
Que les échos renvoient aux cieux irradiés,
D'où tombe le rayon qui colore et féconde
La fleur nouvelle éclose aux champs ensoleillés !

(au refrain.)

II

Aimer ! c'est le pourquoi des êtres et des choses,
La raison qui guida la main du Créateur
Quand il fit s'éveiller les femmes et les roses
Pour que l'homme pût croire un moment au bonheur !
Aimer ! sublime appel de toute la Nature,
Qui s'élève des nids aux rameaux balancés,
Que toute oreille entend, que toute voix murmure,
Plus ardente toujours, sans jamais dire assez !

(au refrain).

ENFANTS, N'EFFEUILLEZ PAS

LES ROSES

Lorsque vous prenez vos ébats
Au jardin où fleurit la rose,
Petits enfants, n'effeuillez pas
Sa corolle à peine déclose ;
Car c'est pour nous charmer que Dieu
D'un sourire la fit si belle
Un matin que de son ciel bleu
   Il se penchait sur elle.

Laissez en paix s'épanouir
La merveille aux grâces naissantes ;
C'est mal de l'empêcher d'ouvrir
Son cœur aux brises caressantes.
Il se pourrait que quelque jour
Pour punir l'effroyable crime,
Le destin vous frappe à son tour
   Et venge la victime.

Hélas ! la plus grande douleur
Quelquefois n'eut pas d'autre cause
Que le martyre d'une fleur.
Myosotis, pervenche ou rose.
Laissez, laissez donc jusqu'au soir,
Dans le jardin, les fleurs vermeilles
Offrir, merveilleux reposoir,
   Leur calice aux abeilles !

Il est si doux de s'avancer
Au rude chemin de la vie
En songeant qu'on y peut passer
Sans amertume et sans envie :
Nos jours sont déjà peu nombreux,
Pourquoi les rendre encor moroses ?
Petits enfants, pour être heureux,
   N'effeuillez pas les roses.

SA MAIN !

REFRAIN

Je sais une main
 Au contour divin,
Dont l'exquise finesse
Et le parfait dessin
Rendraient jalouse une princesse.
Qu'elle tienne aiguille ou fuseaux,
(Car elle n'est jamais oisive),
Ses doigts semblent toujours plus beaux,
Si grande est leur grâce native.

I

Main de douceur
Et de labeur,
Main ravissante,
Main si vaillante,
Toujours ouverte aux malheureux,
Je te bénis ici pour eux,
O main, entre toutes charmante !   *(au refrain)*.

II

Merveilleux doigts
Qui font sans choix
Fine guipure,
Mante de bure,
Heureux l'élu qui peut poser
Ses lèvres en un long baiser
Où l'aiguille a fait sa blessure. (*au refrain*).

III

Doigts que l'amour
A faits au tour
Pour les tendresses
Et les caresses,
Ah! pour vous sertir de joyaux
Les plus rares et les plus beaux,
Que n'ai-je toutes les richesses! (*au refrain*).

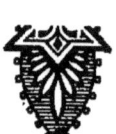

MADELEINE, C'EST L'AMOUR QUI VIENT

I

J'ai rencontré Madeleine,
Ce matin dans le sentier
Qu'embaumaient la marjolaine
Et la fleur de l'églantier.
Madeleine est jeune et belle,
La plus belle d'alentour :
Aussi plus d'un cœur pour elle
Sonne l'hallali d amour !

REFRAIN

Madeleine, Madeleine,
L'amour est un dieu malin
Qu'en cueillant la marjolaine
On rencontre en son chemin.
Bergère qui va seulette
Le trouve toujours au bois ;
A tous les coins il la guette,
Et lui parle à demi-voix !

II

C'était le Printemps : la Terre
A son appel s'éveillait,
Ouvrant ses flancs, doux mystère,
Au germe qui sommeillait !
Les oiseaux dans les ramilles,
Avec des soins infinis,
Enlaçaient mousse et brindilles
Pour capitonner leurs nids !   (*au refrain*)

III

La brise était caressante
Comme une haleine d'enfant,
Et de chaque fleur naissante
Montait un parfum troublant.
Mais, rêveuse, Madeleine
Suivait toujours le sentier,
Sans cueillir la marjolaine
Ni la fleur de l'églantier !   (*au refrain*)

IV

— Madeleine, ma fillette,
A quoi rêves-tu, dis-moi ?
Ton âme semble inquiète
Ton sein palpite d'émoi !
Sur ton front que rien ne ride
Une pudique rougeur,
Flot de sang, monte rapide
Aux battements de ton cœur !   (*au refrain*)

V

— Ta bouche s'entr'ouvre et laisse
S'échapper un long soupir...
Est-ce le chagrin qui blesse
Ou l'ennui qui fait mourir?
Non pas, non pas, ma petite,
C'est, pour te faire visite,
L'amour qui vient doucement !

REFRAIN

Madeleine, Madeleine,
L'amour est un dieu malin
Qu'en cueillant la marjolaine
On rencontre en son chemin :
Bergère qui va seulette
Le trouve toujours au bois ;
A tous les coins il la guette
Et lui parle à demi-voix.

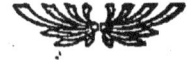

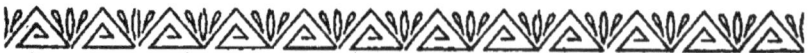

AVEU DISCRET

Pour vous dire que je vous aime,
Je méditais tout un poème
Où je conterais mon tourment
    Très longuement !

Mais un soir, vous avez, Madame,
Comme au hasard, lu dans mon âme
Et surpris, oh ! d'un œil distrait !
    Mon cher secret !

Car il en est toujours de même :
L'amour peut se mettre en poème ;
Mais ceux qui le disent le mieux,
    Ce sont les yeux.

Maintenant que le divin livre
Est ouvert, hâtons-nous d'en suivre
Toutes les lignes, mot par mot,
    D'un cœur dévot.

Il n'est qu'à la page première,
Puisse, hélas ! la page dernière,
Celle où le rêve doit finir,
    Jamais venir.

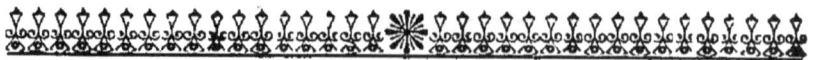

POUR ÊTRE AIMÉ DE VOUS

Romance

A Mme L...

Pour être aimé de vous,
Méchante, oh ! dites-moi, de grâce,
Je vous le demande à genoux,
Dites, que faut-il que je fasse
  Pour être aimé de vous ?

Pour être aimé de vous,
Devant Dieu, bien haut je le jure,
Tous les tourments me seraient doux !
Mais épargnez-moi la torture
  De n'être aimé de vous !

Pour être aimé de vous,
Dites, que puis-je faire ou dire ?...
Ah ! vos yeux se sont faits plus doux !...
Merci, merci, pour ce sourire !...
  Je suis aimé de vous !

AH! L'AMOUR, L'AMOUR, L'AMOUR!

REFRAIN

Ah! l'amour, l'amour, l'amour!
  Comme dit Grand' Mère,
Ah! l'amour, l'amour, l'amour,
Il vous joue un mauvais tour,
Quand on veut le laisser faire!

I

C'était un matin de mai,
Et des corolles décloses
Montait dans l'air embaumé
Le premier parfum des roses!
La colombe et le ramier
Se cherchaient sous les ramilles,
Le pinson à plein gosier
Lançait roulades et trilles.   (*au refrain*).

II

Jeanne conduisait aux champs
Ses moutons à blanche laine,
Sans songer aux loups méchants
Qui courent la pretentaine.
Or, on sait que ces larrons
Hantent parfois les clairières
Changés en riches barons
Pour mieux tromper les bergères !   (*au refrain.*)

III

C'est ainsi que ce jour-là
Jeanne vit s'approcher d'elle
Certain loup qui lui conta
Qu'il n'en savait de plus belle.
— J'ai, dit-il, au fond des bois
Palais rempli de richesses,
Comme en possèdent les rois,
Comme en rêvent les princesses !   (*au refrain.*)

IV

Puis il ajouta tout bas
Je ne sais quoi qui fit rire
La fillette... Et dans ses bras
Il l'emporta sans rien dire.
Le soir, lorsque le troupeau
Revint à la bergerie,
Chacun disait au hameau :
Où Jeanne est-elle partie ?   (*au refrain*)

V

On le sut certain matin
Que Jeanne revint seulette
De ce voyage lointain....
Mais qu'à donc vu la pauvrette,
Pour que depuis ce jour-là
Son front soit triste et morose ? —
Grand'Mère vous le dira,
Elle qui sait toute chose !

REFRAIN

Ah ! l'amour, l'amour, l'amour,
　Comme dit Grand'Mère,
Ah ! l'amour, l'amour, l'amour !
Il vous joue un mauvais tour,
Quand on veut le laisser faire !

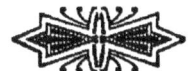

DOUCES LÈVRES, DIVINES MAINS !

Stances

Aux jours de deuil et de tristesse,
Pourquoi maudire le destin
Dont la main, au hasard, nous laisse
Peine le soir, joie au matin ?
Le sourire a-t-il moins de charme
Parce qu'il s'est voilé d'un pleur ?
S'il ne s'y mêlait quelque larme,
Saurions-nous le prix du bonheur ?

Sans l'hiver verrions-nous la rose
Qu'avril épingle à l'églantier,
Et l'humble violette éclose
Dans la mousse, au bord du sentier ?
Ah ! n'ajoutons pas à nos peines,
Mais, faisant trêve à nos rancœurs,
Songeons que les heures sereines
Font oublier bien des douleurs ?

C'est ce que vous dites, ô lèvres,
D'où fusent les magiques mots
Qui font moins brûlantes nos fièvres
Et jettent l'oubli sur nos maux.
Et c'est pourquoi je vous rends grâce,
O mains, qui sur nos fronts trop lourds,
Vous posez à l'heure où, très lasse,
Notre âme appelle à son secours.

Mains d'épouse, lèvres d'amante,
Mains de lumière et de bonté,
Lèvres d'extase délirante,
Fleurs de rêve, fleurs de beauté,
Oui, soyez à jamais bénies,
Douces lèvres, divines mains,
Dont les tendresses infinies
Sont l'aube des clairs lendemains !

RÉVEILLE-TOI, MIMI-PINSON

Aubade

Musique de L. Perlat

I

Réveille-toi, Mimi-Pinson,
Tout est fête dans la nature :
L'oiseau met au point sa chanson,
La fleur rajuste sa parure.
Vois le soleil à l'horizon
Allonge son rais de lumière,
Lustrant la touffe de gazon
Où le grillon fait sa prière.
Réveille-toi, Mimi-Pinson.

II

Réveille-toi, Mimi-Pinson,
Voici qu'arrive à tire d'aile
Du pays que pleurait Mignon,
— Ta sœur — la première hirondelle.
En passant, à chaque maison
Elle dit d'ouvrir sa fenêtre
Pour mieux voir ce joli garçon,
Monsieur Printemps qui va paraître.
Réveille-toi, Mimi-Pinson.

III

Réveille-toi, Mimi-Pinson,
Réveille-toi, ma chère folle ;
Lisette, Musette et Suzon
T'invitent pour la farandole,
Le rendez-vous est à Meudon.
Tous les cœurs battent la chamade,
L'amour sonne le carillon...
Entends-tu sa joyeuse aubade ?
Réveille-toi, Mimi-Pinson.

IV

Réveille-toi, Mimi-Pinson,
Pour nous remettre l'âme en fête,
Entonne vite ta chanson,
Et de la ronde prends la tête.
Puisque le rire est de saison,
C'est l'heure de jeter, ma belle,
Par dessus moulin et buisson
Ton joli bonnet de dentelle.
Réveille-toi, Mimi-Pinson.

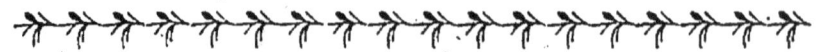

L'AMOUR, ÇA NE S'EXPLIQUE PAS !

A Mme L.

I

Ninon, vous désirez savoir
Pourquoi vous ayant vue un soir,
Sitôt je vous aimai ? que sais-je ?
Demandez au mont orgueilleux
Pourquoi se dresse vers les cieux
Son front géant casqué de neige ?

REFRAIN

L'amour, ça ne s'explique pas,
Et les mots manquent pour bien dire
Ce que le cœur pense tout bas :
Mais dans les yeux on peut le lire !

II

Sait-on bien pourquoi les autans,
Sous d'autres cieux jusqu'au printemps
Font fuir loin de nous l'hirondelle !
Pourquoi le phalène affolé
Du fond de la nuit appelé
A la flamme brûle son aile ?   (*au refrain*).

III

Demandez au fer quelle loi
L'attache à l'aimant, et pourquoi
Sur la lèvre la plus altière
L'amour met un aveu discret ?...
— « C'est que toute âme a son secret,
« Et toute chose son mystère ! »   (*au refrain*).

IV

Voilà pourquoi l'amour vainqueur
Est entré dans mon pauvre cœur,
Ninon, quand je vous vis si belle !...
Or, vous me l'avez pris si bien,
Ce cœur, qu'il ne m'en reste rien,
Pas la plus petite parcelle !

REFRAIN FINAL

Non, l'amour ne s'explique pas ;
Mais si je n'ai pas su bien dire
Ce que mon cœur pense tout bas,
Dans mes yeux vous pourrez le lire !

TINTEMENTS DE CLOCHES

I

La cloche sonne
Et carillonne,
Fête au hameau !
Le prêtre entonne
Noël nouveau :
Il vient de naître
Un petit être :
— « Alléluia,
Tant qu'il vivra,
Dieu bénira
Cet enfant là ! »

REFRAIN

Tin, tin, tin, tin, tin !
Sonne au clocher, sonne,
Clochette d'airain !
Tin, tin, tin, tin, tin !
Sonne et carillonne,
Et qu'au loin résonne
Ton joyeux refrain,
Tin, tin, tin, tin, tin !

II

La cloche sonne
Et carillonne ;
Devant l'autel
Le prêtre entonne
Chant solennel :
Ses doigts bénissent
Cœurs qui s'unissent !...
— « Main dans la main,
« Dit-il, l'hymen
« Guide en chemin
« Le couple humain ! »

REFRAIN

Tin, tin, tin, tin, tin !
Sonne au clocher, sonne,
Clochette d'airain !
Tin, tin, tin, tin, tin !
Sonne et carillonne,
Et qu'au loin résonne
Ton joyeux refrain,
Tin, tin, tin, tin, tin !

III

La cloche sonne,
Le glas résonne !
Auprès du corps
Le prêtre entonne
Le chant des morts :

— « Qu'il t'en souvienne,
Clame l'antienne ;
Mortel, holà !
Ton tour viendra ;
Chacun s'en va
Pour passer là ! »

REFRAIN

Dong, dong, dong, dong, dong !   (*lent.*)
Sonne au beffroi, sonne
Lugubre bourdon !
Dong, dong, dong, dong, dong !
Et qu'au loin résonne
Ton glas qui nous donne
Terreur et frisson...
Dong, dong, dong, dong, dong.

IV

Cloche qui sonne
Et carillonne
Joyeusement ;
Glas qui résonne
Lugubrement ;
Quoi qu'elle chante,
Alerte ou lente,
Joie ou chagrin,
La voix d'airain
Du cœur humain
Sait le chemin.

REFRAIN-FINAL

Tin, tin, tin, tin, tin,
Sonne et carillonne,
Clochette d'airain !
Dong, dong, dong, dong, dong !
Sonne au beffroi, sonne,
Que ton glas résonne,
Lugubre bourdon !
Tin, tin, tin, dong, dong !

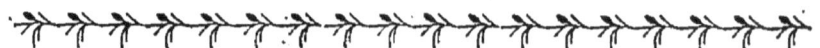

LAMENTO D'AMOUR !

Un jour que j'allais au hasard,
Je vous rencontrai sur ma route ;
C'était le soir, il était tard,
Vous l'avez oublié, sans doute !
— On lisait si mal dans les yeux
L'aveu que murmuraient les lèvres ! —
Pourtant de mon cœur anxieux
Je vous ai dit toutes les fièvres !

Depuis lors les jours ont passé,
Mais toujours survit dans mon âme
L'amour que rien n'a remplacé :
Le temps même a grandi sa flamme !
Cependant vous n'y croyez pas,
Vous qui pourtant l'avez fait naître,
Et si je vous en parle, hélas !
Vous semblez ne pas le connaître !

Comme un étranger sans foyer,
Je tends vers vous mes mains tremblantes
Afin de vous apitoyer,
Et de mes lèvres suppliantes
Monte vers vous le *lamento*
De mon pauvre cœur en détresse !...
Mais mon appel est sans écho :
Telle une lettre sans adresse !

Au mendiant d'amour qui vient
Frapper à votre porte et dire
Que lui toujours il se souvient,
Faites l'aumône d'un sourire !...
Le moindre sourire en dit tant :
C'est un baume pour la souffrance !...
Alors je m'en irai content,
Au cœur emportant l'espérance !

SÉPARATION !

I

Ainsi tu me fermes ton cœur,
Disant : « l'amour lui-même passe ? »
Quoi ! de tout notre cher bonheur,
Est-il bien vrai, tu serais lasse ?
Pourtant j'avais cru dans tes yeux
Lire de ta foi l'assurance ! —
Hélas ! quand on est malheureux,
On a tant besoin d'espérance !

REFRAIN

Non, je ne puis croire vraiment
Que tout soit vain dans nos tendresses !
Si la bouche quelquefois ment,
Le cœur, lui, tient mieux ses promesses !

II

Pardon alors pour mon erreur :
J'aurais dû te cacher ma peine,
Et garder pour moi ma douleur,
Puisque ta parole était vaine !...
Tu t'en vas ; soit ! Voilà ma main,
Que Dieu te guide et te protège !
Mais reviens si dans ton chemin
Le noir destin te fait cortège !   (*au refrain*).

III

Reviens me dire tes rancœurs !...
Oui, quelque peine qui t'advienne,
Pour tes larmes j'aurai des pleurs :
Ta tristesse sera la mienne !
Ayant ainsi pleuré tous deux
Sur notre commune blessure,
J'effacerai de tes chers yeux
Par mes baisers la meurtrissure !

REFRAIN FINAL

Car je ne puis croire vraiment
Que c'en soit fait de nos tendresses :
Si la bouche quelquefois ment,
Le cœur, lui, tient mieux ses promesses.

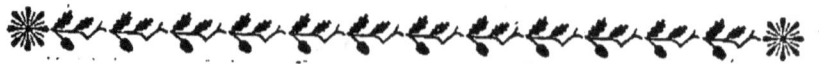

DÉPART D'HIRONDELLES

I

Toutes tristes, toutes troublées,
Sentant venir les premiers froids,
Les hirondelles sur nos toits
Ce matin se sont assemblées ;
Les yeux tournés vers l'horizon,
Elles ont dans leur cher langage
Devisé du lointain voyage
Qu'elles font en cette saison.

REFRAIN

« Elles se disaient, les oiselles,
« Allons chercher un ciel plus doux ;
« N'attendons plus, dépêchons-nous,
« Le gel engourdirait nos ailes ;
« Nous reviendrons, toujours fidèles :
« Que serait le printemps sans nous ?

II

Lors ayant bien lissé leurs ailes
Qu'échauffait un dernier rayon,
Elles ont pris, noir tourbillon,
Leur vol, les brunes hirondelles,
Et tout durant ces tristes jours
Qui font nos plaines désolées,
Elles resteront exilées
Loin du berceau de leurs amours.

REFRAIN

« Fuyons, se disaient les oiselles,
« Allons chercher des cieux plus doux,
« N'attendons plus, dépêchons-nous ;
« Le gel engourdirait nos ailes !
« Nous reviendrons, toujours fidèles :
« Que serait le printemps sans nous ? »

III

Elles ont gagné ces rivages
Où l'été jamais ne finit,
Où le bengali fait son nid
Dans de mystérieux bocages...
Mais moi, croyant voir aussi fuir
Mes rêves à travers l'espace,
Bien longtemps à la même place
Je suis resté, triste à mourir !

REFRAIN

Beaux rêves, comme l'hirondelle
Vous n'êtes qu'en passant chez nous :
Le sort se montre-t-il moins doux ?
On vous voit fuir à tire-d'ailes...
Mais partis, amis infidèles,
Vous restez, hélas ! loin de nous !

ENVOI

Voici l'hiver aux jours moroses,
L'hiver qui fait mourir les fleurs
Et sème l'ennui dans les cœurs,
Rendant plus tristes toutes choses :
Chère, nous dirons, voulez-vous,
La ballade des hirondelles
Afin que les oiseaux fidèles
Reviennent plus vite vers nous ?

REFRAIN FINAL

Et lorsque les gentes oiselles,
De retour des lointains séjours,
Auront ramené les beaux jours,
Nous reprendrons, amants fidèles,
Pour y cueillir les fleurs nouvelles;
Le sentier cher à nos amours !

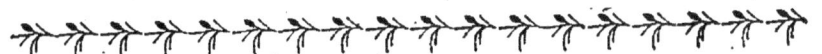

BAISER A LA MORTE

Ballade du pauvre Ménestrel

REFRAIN

La bière est fermée :
Mon amour est mort,
Et ma bien-aimée
Dans sa tombe dort.

I.

Croyant que ma flamme
La ranimerait
Et que la chère âme
Se réveillerait,
Au front de la morte
J'ai voulu poser,
Avant qu'on l'emporte,
Un dernier baiser.   (au refrain.)

II

Mais la lèvre blême
Ne m'a pas rendu
Ce baiser suprême,
Pourtant attendu.
Lors dans ma détresse
J'ai compris, hélas !
Que mes jours d'ivresse
Ne reviendraient pas.   (*au refrain.*)

III

Depuis que ma mie
Dort en son cercueil,
La chère endormie
Met mon âme en deuil !
Oh ! quelle torture !..,
Avec des sanglots
Je dis ma blessure
A tous les échos !   (*au refrain.*)

IV

Mais ma plainte est vaine :
Les morts restent sourds !
C'est pourquoi ma peine
Se grandit toujours.
Car dans ma détresse
Je sens bien, hélas !
Que mes jours d'ivresse
Ne reviendront pas.

REFRAIN FINAL.

Préparez ma bière,
Je pars à mon tour!...
Que faire sur terre
Quand est mort l'amour?

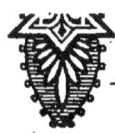

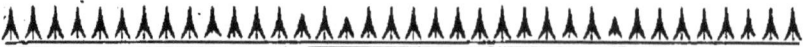

APAISEMENT

Espérant trouver quel maître y commande,
J'ai dit au ciel vaste, où l'étoile luit :
— Laisse-moi scruter, si loin qu'il s'étende,
Ton dôme d'azur au vaste circuit.
J'ai dit à la mer immense et profonde :
— Je voudrais plonger mon œil inquiet
Dans ton gouffre, ainsi qu'y plonge la sonde :
Des choses peut-être a-t-il le secret !

J'ai dit à la tombe : — ouvre-toi bien grande,
Pour que mon regard fouille dans ta nuit;
Car je veux qu'au fond de l'antre il descende
Pour y découvrir le *Sphynx* qui nous fuit !
Croyant à l'amour, j'ai dit à la femme :
— Je voudrais dormir heureux dans tes bras.
Oh ! laisse-moi lire enfin dans ton âme :
Tu sais bien des mots qui ne mentent pas.

Hélas ! le ciel vaste où l'astre gravite
Sans que rien jamais lui fixe un arrêt,
Non plus que l'abîme où l'horrible habite,
Ni la tombe, n'ont trahi leur secret !
Mais partout j'ai vu la même misère,
L'éternel combat du faible et du fort !
J'ai trouvé partout, au ciel, sur la terre,
En lutte toujours la vie et la mort.

Et, pitié suprême ! au cœur de la femme
L'orage grondait plus qu'au sein des flots !
Alors une voix m'a dit : — dans ton âme,
O pauvre insensé, cherche le repos ! —
Depuis lors, sans plus me troubler, je laisse
Mondes se créer ou s'anéantir !
Mais toujours je garde au cœur ma tristesse ;
J'ai vu trop de fois des lèvres mentir.

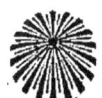

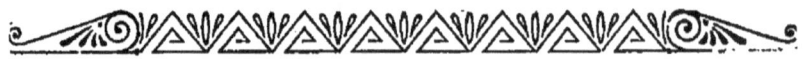

SAGESSE

REFRAIN

Après l'ombre pourquoi courir ?
La joie est brève
Et le désir,
Prometteur du plaisir,
Survit au rêve !

I

Riant au soleil,
La fleur à son réveil,
Belle d'espérance,
Avec confiance
Regarde les cieux...
Un vent furieux,
Poussé par l'orage,
La brise au passage.   (au refrain.)

II

Ainsi de nos jours,
Ainsi de nos amours :
    Nos lèvres à peine
    De la coupe pleine
    Effleuraient le bord...
    Le doigt de la mort,
    En heurtant le vase,
    Arrête l'extase !   *(au refrain.)*

III

O fous, à quoi bon
Sans rime ni raison,
    Prendre nos chimères,
    Songes éphémères,
    Pour réalités...
    Puis désenchantés,
    Et l'âme en détresse,
    Nier leur ivresse ?   *(au refrain.)*

IV

Ah ! qu'il vaut bien mieux,
Des coups du sort dédaigneux,
    Fier et sans envie,
    Marcher dans la vie,
    Le front calme et haut !
    Qui sait comme il faut
    Du temps faire usage,
    Est vraiment un sage ! *(au refrain.)*

TABLE DES MATIÈRES

Avant-Propos.. 1

I. — LES FRONDEUSES

Fleurs de rhétorique.....................	5
C'est comme au temps de Birotteau............	7
Pudibonderie............................	10
Sage ou sale gouvernement...................	13
Proportionnalistes et arrondissementiers.........	16
Polichinelles............................	19
Liberté, égalité, fraternité..................	22
Opportuniste, il n'y a qu' ça................	24
Lois boiteuses et mal assises.................	26
Tous saboteurs...........................	29
Palmes académiques.......................	32
L'esprit laïque...........................	35
Le quart d'heure de miséricorde...............	37
Aux cégétistes...........................	40
Une palinodie............................	42
Rois par la grâce de Dieu...................	46
Populo, tu m' fais du chagrin................	49
C'est la Joconde qui l'a voulu................	52

Parler, se taire	55
Il n'y a qu' pour être ministre	57
Marianne, prends ton balai	60
Parler et agir	63
M. Barrès déteste Jean-Jacques	66
Tout s'complique	69
Une réplique à Platon	72
Sur la découverte d'un nouveau crâne	74
Logique	77
Marianne, prends garde à toi	81
Bal de charité	84
Un grand ministère	86
Le Pape est triste	89
Les Camelots du Roy	91
Jean Bonsens à Jean Jaurès	93
Voilà qu' ça s' gâte	95
Dans le grand monde	97
Le triomphe d'Eve	100
Abbés guérisseurs	102
Monsieur Prud'homme	104
Diogène à Populo	106
L'élection du Président de la République	109
Le prévenu	113
Mon opinion	115
Une oraison funèbre	117
Ote-toi d'là, que j' m'y mette	120
Mauvais bergers	123
L'évolutionniste	126
Faut qu' ça finisse	128
Pacifisme	131
Non ! pas cette guerre-là	134
La chute du Zeppelin	137
A Berne	139
Je n'y crois pas	142
Payez, ou la loi de trois ans	145

La, paix balkanique	147
A quand la paix ?	149
Un rêve	151
Droit divin, grâce divine	155

II. — GUITARES ET MANDOLINES

CHANSONS DE TABLE

La gaîté s'en va	161
Pour ma réception au Caveau	164
Le bon médecin	167
Chanson des vendanges	170
Le temps passé valait bien mieux	172
Cavistes, buvons le vin de France	174
Vieille chanson, toujours nouvelle	177
Toujours chanter	180
Bonne année, bonne santé	183
Les joyeusetés de la fin du monde	186
Remède pour dames	190
C'est la mode	192
Un point d'histoire ou le mariage d'Adam et d'Eve	195
Le testament de Jean Claude, penseur libre	197
La fête des vignerons	200
Lamentations d'un vieux	203
Guerre à l'eau	206
Margot, Margot, laissons-les dire	209

STANCES ET ROMANCES

Le point, c'est de savoir aimer	213
Vite, Suzon, fais ta toilette	215
Me pardonnerez-vous ?	217
Aimer	219
Enfants, n'effeuillez pas les roses	221

Sa main	223
Madeleine, c'est l'amour qui vient	225
Aveu discret	228
Pour être aimé de vous	230
Ah ! l'amour, l'amour, l'amour !	231
Douces lèvres, divines mains	234
Réveille-toi, Mimi-Pinson	236
L'amour, ça ne s'explique pas	238
Tintements de cloches	240
Lamento d'amour	244
Séparation	246
Départ d'hirondelles	248
Baiser à la morte	251
Apaisement	254
Sagesse	256

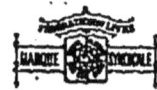

Le Mans. — Association Ouvrière, 5, rue du Porc-Épic.

www.ingramcontent.com/pod-product-compliance
Lightning Source LLC
Chambersburg PA
CBHW052245220526
45471CB00001B/192